VIVRE AVEC SA
CONSCIENCE

VIVRE AVEC SA
CONSCIENCE

L'éthique chrétienne
et la vie quotidienne

Jerry E. White

ÉDITIONS IMPACT

230 rue Lupien,
Trois-Rivières (Québec)
Canada G8T 6W4

Édition originale en anglais sous le titre :
Honesty, Morality, and Conscience
© 1979, 1996, 2007 par Jerry White. Tous droits réservés.
Publié par NavPress. Représenté par Tyndale House Publishers, Inc.

Pour l'édition française, traduite et publiée avec permission :
Vivre avec sa conscience
© 2017 Publications Chrétiennes, Inc.
230, rue Lupien, Trois-Rivières (Québec)
G8T 6W4 – Canada
Site Web : www.publicationschretiennes.com
Tous droits réservés.

Le texte de ce livre provient de l'édition publiée par NavPresse en 1984.

ISBN : 978-2-89082-311-2

Dépôt légal – 3ᵉ trimestre 2017
Bibliothèque et Archives nationales du Québec
Bibliothèque et Archives Canada

« Éditions Impact » est une marque déposée de
Publications Chrétiennes, Inc.

À moins d'indications contraires, toutes les citations bibliques sont
généralement tirées de la version T.O.B. et Segond. Nous avons
occasionnellement utilisé la Parole Vivante (Kuen). Avec permission.

SOMMAIRE

AVANT-PROPOS

« Car c'est Dieu qui nous a formés, il nous a créés, dans notre union avec Jésus Christ, pour que nous menions une vie riche en œuvres bonnes, ces œuvres qu'il a préparées d'avance afin que nous les pratiquions » (Ephésiens 2 v. 10). C'est ainsi que l'apôtre Paul décrit notre chemin d'homme et de femme sauvés par la grâce ».

Réconciliés avec notre créateur, déchargés du Fardeau de la rupture, de l'absence de l'Autre indispensable pour transformer une existence en vie, bref du péché et de ses conséquences, une voie nouvelle s'ouvre devant nous, nos vies peuvent rejoindre leur destinée conçue de toute éternité par notre créateur : Le glorifier.

Tout change, la vie cependant continue ... Des habitudes ont été prises, des craintes et des espoirs nous habitent engageant profondément notre attitude et action de chaque moment. Hier déjà nous savions faire la différence entre ce qui est bien et mal, notre conscience nous parlait et pourtant ...

« Vivre avec sa conscience » n'est pas un traité sur l'art de vivre qui s'accommoderait au mieux d'une conscience débarrassée « des pensées qui parfois nous accusent et parfois nous défendent » (Romains 2 v. 15). Pas de recettes d'anesthésie, d'auto-défense contre cette voix intérieure. Cet art n'existe pas ...

« Vivre avec sa conscience » n'est pas plus un volume de recettes morales pour mener une vie chrétienne cherchant à se conformer à des lois et règles, fussent-elle bibliques, pour apaiser notre conscience. Cette voie est dangereuse et peut nous écraser par l'ampleur de la tâche et le poids de notre conscience en tête à tête avec nos propres forces et ressources. L'auteur ne s'y serait d'ailleurs pas risqué car il n'est pas de ceux qui « mettent sur le dos des gens des fardeaux difficiles à porter » et qui « ne les aident pas d'un seul doigt à porter ces fardeaux » (Luc 11 v. 46).

Bien au contraire Jerry White explique, conseille et partage avec nous son expérience.

7

Il explique et clarifie tout d'abord pour nous permettre de mieux comprendre les mécanismes et réalités dont nous sommes l'enjeu. Car la conscience - et c'est là une première affirmation du livre de Jerry White - n'est pas une entité en qui nous pourrions placer une confiance absolue et que nous n'aurions qu'à écouter pour réussir notre vie. Peut-être émoussée, culpabilisante à l'excès, sûrement chargée de notre histoire et éducation elle est mémoire sélective et se doit de devenir vie et voix intérieure au sens de Romains 2 v. 15. Puis il conseille et partage ses expériences.

« Vivre avec sa conscience » après nous avoir familiarisés avec ce qu'est la réalité de notre conscience, comment elle agit et peut servir notre vie et responsabilité dans ce vaste travail qui vise à « renouveler notre intelligence » (Romains 12 v. 2) nous propose une démarche pour concevoir puis mettre en pratique une éthique chrétienne pour la vie quotidienne.

L'éthique ou l'art de diriger notre conduite ne s'improvise pas ou alors s'improvise mal. La vie de tous les jours ne nous laisse pas souvent le loisir de réfléchir, de concevoir notre action. Elle se déroule, action et réaction avec notre environnement. Déroulement fatal? Non puisque telle n'est pas la volonté de notre créateur qui a préparé pour chacun de nous une voie et tient à notre disposition les moyens de la vivre.

« Vivre avec sa conscience » n'est ni un essai psychologique ni théologique. Se basant sur les Ecritures, normes dans la recherche d'une éthique pour l'« ici et maintenant » que nous sommes appelés à vivre, Jerry White prend des principes et les illustre abondamment. Il nous montre comment les concepts bibliques souvent exigeants s'appliquent à notre vie professionnelle, familiale et relationnelle.

Pour l'éditeur que nous sommes se posait la question de savoir si cet ouvrage au départ conçu pour et destiné aux habitants du « nouveau monde » pouvait trouver quelque écho dans un contexte européen et francophone. Après « Une vie qui parle » et « Vers une vie sainte » il nous semblait que « Vivre avec sa conscience » par les principes éternels qu'il contient compléterait utilement ces premiers ouvrages. En relation avec Dieu, ancrées dans le quotidien face à un contexte moralement souvent confus, non point sans problème ni épreuves, nos vies pourront nous parler ainsi qu'à ceux qui nous entourent.

Robert BRUNCK
Président de Navpresse

PRÉFACE

Notre étude biblique pour couples consacrée à Philippiens 2 avait atteint sa vitesse de croisière : pensées pieuses, commentaires généralisateurs, conclusions spirituelles, analyses judicieuses, questions intellectuelles. Tout marchait comme sur des roulettes.

Finalement John, un banquier, « craqua ». « Je me sens si hypocrite ! » a-t-il avoué. « Comment voulez-vous que ces considérations spirituelles marchent dans la vie quotidienne ? Pour moi, ça ne marche pas ! Je vais au boulot, je fais des efforts pendant dix minutes, et ensuite je me comporte comme tous mes autres collègues. Le vendredi, je suis « Monsieur Tout-le-monde ». Certes, j'aimerais aider mon semblable, mais mon patron veut que ma première priorité soit l'argent, les gens venant seulement en second. Je n'ai même pas le sentiment d'être chrétien. Il y a quelque chose qui cloche ! » A partir de là, notre groupe s'engagea dans une toute nouvelle voie jusqu'à la fin de la soirée. Le monde réel avait fait éclater nos bulles de savon spirituelles. Nous avons tous essayé de comprendre la situation de John. Nous avons étudié comme il fallait appliquer les Ecritures dans la vie de tous les jours, mais une chose paraissait évidente : la Bible ne définissait pas *précisément* comment un chrétien devait vivre sa profession de banquier. Et John était déchiré par le décalage qu'il voyait entre le principes bibliques et le comportement qu'il pensait devoir adopter pour survivre dans son emploi.

Le thème de ce livre, est là : l'application des principes bibliques en matière d'honnêteté, de moralité et de conscience aux domaines de la vie pour lesquels aucun « règlement » précis n'a jamais été rédigé. Il s'agit d'un guide qui cherchera à vous aider à bien traverser les « zones d'incertitude » de la vie quotidienne en utilisant les Ecritures et votre conscience et en comptant sur le Saint-Esprit.

Je suis persuadé que Dieu nous a donné tout ce dont nous avons besoin pour affronter les questions et les dilemmes moraux abordés dans ce livre : comprendre notre conscience ; résister aux pressions de notre entourage ; prendre position face à des pratiques commerciales peu honnêtes ; les problèmes particuliers posés par la nécessité d'être honnête dans la vie conjugale et familiale, à l'église et à l'école ; l'honnêteté avec soi-même ; la défense de la morale sexuelle ; et l'acquisition de convictions personnelles dans tous ces domaines. C'est dans la confiance en l'aide de Dieu que ce livre a été écrit.

Ces considérations ont vu le jour suite aux nombreuses réactions qu'a suscitées le livre consacré au travail écrit par ma femme Mary et moi, ainsi que les conférences publiques que j'ai consacrées au thème « Le Chrétien et le Travail ». La plupart des problèmes qu'affrontent les gens ne sont pas liés à la satisfaction retirée du travail, mais sont de nature éthique et morale. Je me suis rendu compte que ces principes fondamentaux d'honnêteté et de conscience s'appliquent à des domaines bien plus larges que le travail et les affaires. En fait, ils sont présents à tous les niveaux de notre existence.

Je ne peux mentionner tous ceux qui ont contribué à cette étude, mais j'aimerais remercier tout particulièrement mon épouse, qui a corrigé tout le manuscrit, et ma secrétaire, qui a laborieusement dactylographié toutes les versions.

Par ailleurs, quatre couples d'amis ont été une source d'encouragement et de stimulation toute particulière pendant l'année où ce livre a été rédigé.

1

L'HONNÊTETÉ : MISSION IMPOSSIBLE ?

« COUPABLE »

Cette sentence le fit frissonner et lui donna des sueurs froides. Le juge poursuivit : « Coupable sur toute la ligne : mensonges à sa femme, déclaration des revenus incomplète, malhonnêteté vis-à-vis de son employeur ... »

Il se leva d'un bond et cria : « C'est faux ! Je peux tout vous expliquer ! »

« Silence ! » interrompit le juge. « Le verdict est sans appel. Gardes, emmenez-le ! » Le juge leva la séance d'un coup de marteau.

Guy sursauta dans son lit, les mains moites, l'oreiller trempé de sueur.

« Guy, qu'est-ce qui t'arrive ? » lui demanda sa femme, stupéfaite.

« Oh, rien. Ce n'est qu'un mauvais rêve. »

Même le sommeil ne permit pas à Guy d'échapper à l'évidence.

C'était la cinquième fois que ce stupide rêve l'avait réveillé. Chaque fois il essayait de se justifier sur chaque point. A propos de la déclaration des revenus, par exemple : c'était parfaitement légal , il avait vérifié avec son comptable. Bien entendu, l'affaire des notes de frais était un peu douteuse. Mais pourquoi s'en faire ? Après tout, il avait eu des déplacements fatiguants : il méritait bien un petit supplément.

Mais tandis qu'il essayait vainement de retrouver le sommeil, un sentiment commença à l'envahir. C'est vrai : j'ai menti et j'ai triché. Mais qu'y puis-je ? C'est fait, je ne peux pas revenir en arrière.

Que devait faire Guy ? Avait-il vraiment menti et triché, ou sa conscience était-elle simplement un peu trop sensible ?

Même s'il avait triché, ne vaudrait-il pas mieux tout oublier et tourner la page ?

Et qu'en est-il de nous autres, quotidiennement confrontés à des dilemmes en matière d'honnêteté, de moralité et de conscience ? Nous lisons la Bible et nous n'y trouvons pas de réponses claires et directes à la plupart de ces questions. Nous nous trouvons dans des situations qui ne semblent appeler aucune réponse pragmatique. Or nous savons que le bien et le mal existent ! Nous nous rendons également compte que même dans ces domaines les choix des chrétiens sont déterminés par les pensées et les habitudes d'un monde non-chrétien.

Considérons quelques-uns de ces dilemmes affrontés par certains d'entre nous. Demandons-nous comment nous aurions réagi à la place de ces personnes.

EXEMPLES PRATIQUES

Premier cas. Un conseil de paroisse s'était réuni pour discuter de la vente d'obligations en vue d'acheter un nouvel immeuble. Ces obligations avaient été achetées par l'intermédiaire d'une compagnie financière de bonne réputation. L'église pouvait vendre les obligations dans n'importe quel Etat où cette compagnie avait des agences. Lors de la réunion du conseil, on discuta en long et en large si on pouvait les vendre à quelqu'un qui résidait dans un Etat où la compagnie n'avait pas d'agences. Une solution - choisie par certaines compagnies d'investissement - consistait simplement à faire traverser au vendeur les frontières de l'Etat le temps que la transaction se fasse. Ceci permettait de satisfaire aux exigences de la loi.

Mais était-ce acceptable ? Pouvait-on ainsi « tourner » la loi » ? une entreprise pouvait-elle le faire et non une église ? Un représentant de la compagnie financière avait défini cet artifice comme « la façon acceptable de faire une chose inacceptable ».

Juridiquement, cela passait, mais éthiquement : non ! Le conseil renonça à ce projet.

Deuxième cas. Le pasteur d'une église essentiellement composée d'immigrés mexicains avait souvent des immigrants clandestins dans son assemblée. S'il les dénonçait aux autorités, il perdait ces personnes qui avaient besoin d'aide spirituelle. S'il ne les dénonçait pas, il participait à la transgression de la législation de son pays. Devait-il tolérer la situation, justifiant son mutisme par le secret professionnel pastoral? Devait-il convaincre ces étrangers de se rendre à la police? Qu'allait-il se passer si la police apprenait qu'il accueillait des immigrants clandestins chez lui?

Troisième cas. Dans une ville de l'ouest, un homme politique, fut choisi par son parti comme candidat à un certain poste. Peu de temps après, plusieurs personnes l'accusèrent d'avoir arrangé son curriculum-vitae. Elles affirmèrent qu'il se prétendait titulaire d'un doctorat alors qu'il n'avait jamais terminé sa thèse. Il confessa plus tard qu'il avait permis à certains de l'appeler « docteur » alors qu'il n'était pas titulaire de ce titre. C'est ainsi qu'il fut obligé de retirer sa candidature.

Avait-il vraiment été malhonnête dans ses déclarations? La controverse valait-elle la peine, puisque le diplôme n'avait aucun lien avec le poste sollicité? Fallait-il qu'il retire sa candidature?

Quatrième cas. Comme il touchait un faible salaire, un jeune instituteur d'une petite ville faisait ses achats d'un meilleur prix dans la ville voisine quand il en avait l'occasion. L'un de ses concitoyens le lui reprocha, s'appuyant sur le fait que la ville lui payant son salaire, il devait se sentir obligé d'en fréquenter les commerçants.

L'instituteur avait-il mal agi? Devait-il faire ses achats sur place, afin d'avoir de meilleures relations, et rendre un meilleur témoignage chrétien à ses concitoyens?

Les dilemmes d'éthique et d'honnêteté sans réponse évidente sont légion. Mais c'est bien cela la vie : nous vivons dans un monde réel qui nous pose des problèmes réels, qui ne trouvent pas leur solution dans une liste d'interdictions et de recommandations ! Que faire alors?

LA MALHONNÊTETÉ PROGRESSE

Rien de plus simple que de dire : « Bien sûr, tout le monde peut être honnête, du moins la plupart du temps, dans

les grandes choses.» Mais pourquoi pas tout le temps, et même dans les petites choses ?
Etre honnête tout le temps n'est pas facile, même pour les chrétiens. Au travail, à la maison, à l'école, rien n'est moins simple. Nous tombons presque automatiquement dans les mensonges de complaisance et les demi-vérités.
John Beck, du « Chicago Tribune », écrit : « Le mensonge est monnaie courante dans notre société, parfois pour ce qui paraît être les meilleurs motifs, parfois par intérêt personnel, et de façon routinière, par commodité sociale ou commerciale (« Dites-lui que je suis en réunion »). Ne nous leurrons pas : l'honnêteté n'est pas la règle dans notre pays ... ni dans nos églises. Les pressions sociales nous ont subtilement amenés à adopter de nouvelles définitions d'honnêteté et de moralité. Le bien et le mal absolus ont cédé la place à un épais brouillard de choix moraux opportunistes.
Chacun d'entre nous pourra peut-être se mettre à la place du petit garçon du récit de Mark Twain : « Quand j'étais jeune, un jour je me suis promené dans la rue, j'ai aperçu une charrette couverte de pastèques. Comme je raffolais des pastèques, je me suis approché en douce et j'en ai fauché une. J'ai couru vers une ruelle tranquille et j'ai planté mes dents dans la pastèque. Or, aussitôt après l'avoir fait, un étrange sentiment m'a envahi. Sans un moment d'hésitation, j'ai pris ma décision. Je suis retourné vers la charrette, j'ai remis en place la pastèque ... et j'en ai pris une qui était mûre ! »
Ou pouvons-nous suivre l'exemple du célèbre joueur de baseball Ted Williams ? A l'âge de 40 ans, à la fin de sa carrière avec l'équipe de Boston les « Red Sox », il subit le blocage d'un nerf du cou. « Ça me faisait tellement mal », a-t-il expliqué plus tard, « que je pouvais à peine tourner la tête pour regarder le lanceur ». Cette saison-là, il fit le plus mauvais score de sa carrière, tout en étant le sportif le mieux payé, avec 125 000 dollars par an. L'année suivante, les Red Sox lui proposèrent le même contrat.
« Quand je l'ai eu, je l'ai renvoyé avec une note disant que je ne signerais que s'ils me donnaient la réduction de salaire autorisée : 25 %. Jusqu'ici, j'avais toujours été traité équitablement par les Red Sox en matière de contrats. Je n'avais jamais eu de problèmes d'argent avec eux. A présent ils me proposaient un contrat que je ne méritais pas. Personnellement, je ne voulais que ce que je méritais. »

C'est ainsi que Williams obtint une réduction de salaire de 31 250 dollars !
En feriez-vous autant ? Etait-ce de l'honnêteté ou de la stupidité ? Dans notre société, une telle honnêteté est beaucoup trop rare. Pourtant elle est fondamentale pour la vie chrétienne et cruciale pour la santé morale de chaque pays.

Clare Boothe Luce, ex-membre du Congrès et ambassadrice, s'est déclarée - comme tant d'autres - préoccupée du déclin des valeurs morales. « Sous l'influence de la science, la religion a perdu son autorité sociale. Sous l'influence de la technique, la vie familiale s'est désintégrée. L'automobile, la radio, la télévision ont détruit l'autorité des parents sur les jeunes. Ce processus qui dure depuis un siècle paraît irréversible.

« Depuis longtemps, notre système éducatif a renoncé à l'enseignement de la morale ou de ce qu'on appelle les « jugements de valeur ».

« Actuellement, de moins en moins de gens se sentent tenus d'obéir à des lois ou à des codes moraux qui font obstacle à leurs impulsions ou à leurs désirs personnels. Tandis que la réprobation sociale, qu'on témoignait jadis à toute transgression de la loi et à tout écart par rapport à la moralité traditionnelle, s'affaiblit, la distinction entre liberté et licence devient de plus en plus floue dans l'esprit de l'individu. La plaisir et le profit deviennent les seules motivations de la conduite des gens. « La loi » est considérée comme l'ennemi à détruire ou à éviter. En fin de compte, le seul « péché », c'est de se faire prendre ...

Comment un chrétien peut-il prendre des décisions morales et éthiques dans des domaines où la société a supprimé toute entrave ? Nous pouvons être certains que la Bible propose des réponses valables à nos dilemmes moraux, et des directives pour une vie honnête. C'est dans la Parole de Dieu que nous découvrons que Dieu exige de notre part une honnêteté absolue : « Mais tu veux que la vérité soit au fond du cœur » (Psaume 51 v. 8) ; « C'est pourquoi, renoncez au mensonge, et que chacun de vous parle selon la vérité à son prochain » (Ephésiens 4 v. 25).

2

VOTRE CONSCIENCE :
AMIE OU ENNEMIE ?

Dans une bande dessinée, Willy est affalé dans son fauteuil devant son téléviseur, une tasse de café posée sur son gros ventre. Tandis qu'il fait tomber la cendre de son cigare dans sa tasse, il dit à sa femme : « Tu es singulièrement silencieuse ce matin, mamie »

« J'ai décidé de laisser ta conscience te guider durant ton jour de congé, Willy », répond mamie.

Sur le dessin suivant, on voit Willy sorti de la maison, entouré de la tondeuse à gazon, du râteau et de la bêche, lavant frénétiquement les vitres ! « Chaque fois que j'écoute cette satanée voix », murmure-t-il, « ça me gâche mon repos ! »

C'est ainsi que bien des gens considèrent leur conscience : une empêcheuse de tourner en rond, un rabat-joie, une voix irritante qui les empêche de faire ce qui leur plaît, un sentiment inexplicable, à réprimer, à endormir ou à oublier.

Notre conscience nous parle aux moments les plus inopportuns. Elle perturbe les projets les plus réfléchis. Elle nous empêche de dormir en paix. Des années après que nous ayons commis un acte ou prononcé une parole, elle continue à nous rappeler notre méfait. Il est rare qu'une journée se termine sans qu'elle nous attaque sur une pensée intérieure ou sur un acte extérieur.

La plupart des gens donneraient tout pour être débarrassés de cette voix persistante. Pour le chrétien par contre, la conscience peut être le moyen le plus précieux - en-dehors de la Bible - qui lui permette de trouver la volonté de Dieu dans une situation donnée.

Le temps était radieux en ce samedi matin estival ; j'étais assis dans mon jardin, lisant et étudiant un passage de la Bible. Ma femme Mary revenait de faire ses courses dans une grande surface ; je me levai donc pour l'aider à porter ses sacs dans la cuisine. Lors d'un précédent voyage, nous avions acheté une pastèque gâtée, et Mary était retournée au magasin pour l'échanger contre une pastèque fraîche. Or elle m'informa que le responsable des ventes avait refusé de l'échanger.

Alors j'interrogeai Mary sur les raisons qu'il avait avancées pour refuser un échange ou un remboursement. La colère commençait à monter en moi ; elle augmenta au fur et à mesure de notre discussion. Finalement, je décrochai le téléphone et j'appelai le magasin. Dès que j'eus le responsable des ventes au bout du fil, je le bombardai de questions et je lui dis mes « quatre vérités ». Une fois que j'eus déchargé ma colère sur lui, je raccrochai.

Nous finîmes de ranger les achats et je retournai au jardin pour finir mon étude biblique. Je m'assis, j'essayai de lire mais mon esprit avait un passage à vide, et j'avais un nœud à l'estomac.

J'ai essayé de passer outre. Je me rendais compte que ma réaction et ma conversation avec le directeur n'étaient pas dignes d'un chrétien et déshonoraient le Seigneur. Mais j'étais tout à fait dans mon droit, raisonnai-je : il aurait dû accepter l'échange.

Malgré mes efforts, je n'arrivais pas à retrouver ma concentration.

Je ne cessais d'argumenter avec moi-même (ou avec celle qui me torturait). J'ai commencé à transpirer, mais pas à cause de la chaleur !

Finalement je me levai et je décrochai le téléphone. Ma conscience ne m'avait pas laissé en repos jusqu'à ce que j'appelle le directeur des ventes et que je lui demande pardon. Je téléphonai en espérant qu'il ne serait pas là ; puis je pensai : pourvu qu'il soit là, car sinon ça me gâchera toute la journée !

« Bonjour Monsieur Clark. C'est moi qui vous ai appelé il y a quelques instants à propos de la pastèque gâtée. » (Tout cela pour une stupide pastèque et quelques paroles en l'air. Que c'est ridicule ! me suis-je dit.)

« M. Clark, je suis chrétien et je regrette de vous avoir traité ainsi. Excusez-moi de ce que je vous ai dit. » A présent je transpirais vraiment et j'étais nerveux ; mais je savais que je n'avais pas le choix.

Je m'attendais à une réaction polie ou à une rebuffade. En fait, il me dit : « Moi aussi je suis chrétien. On m'adresse souvent des reproches, alors je me contente d'écouter et de faire de mon mieux. Merci pour votre appel ! »

Au bout de quelques minutes, je raccrochai. J'étais libéré d'un grand poids. Pourquoi ?

Ma conscience m'avait dit que mon attitude et mes paroles étaient déplacées et ne m'a pas laissé tranquille jusqu'à ce que j'obéisse et que je règle la situation.

Mais comment pouvais-je savoir que ma conscience avait raison ? Et si j'étais d'une sensibilité excessive ? Si elle me forçait à faire des choses inutiles, pénibles et embarrassantes ? Et qu'en est-il des fois où j'ai du mal agir et où ma conscience n'a rien dit ?

Nous avons tous du mal à savoir si nous pouvons compter sur notre conscience. Nous nous posons les questions suivantes :

- Comment puis-je être sûr que c'est ma conscience qui me parle et que ce n'est pas simplement une réaction conditionnée par ma famille, l'éducation et l'église ?
- La conscience est-elle biblique ?
- Satan peut-il s'en servir ?
- La conscience d'un chrétien est-elle la même que celle d'un non-chrétien ?
- Et si les Ecritures et ma conscience étaient en désaccord ?
- Puis-je « former » ma conscience pour qu'elle réagisse différemment ?
- Si ma conscience a été « cautérisée » par un péché passé, est-il possible qu'elle soit à nouveau « sensible » ?

Il n'existe aucune méthode mécanique infaillible nous permettant de toujours interpréter correctement les incitations de la conscience. Le fonctionnement de la conscience de chacun dépend de son arrière-plan, de sa maturité chrétienne, de la présence des Ecritures dans son Esprit et dans sa vie et de ses réactions passées face à la Bible et à la conscience.

En tout cas, si nous comprenons l'enseignement biblique sur la conscience et sur la façon adéquate de l'écouter, nous constaterons qu'elle est l'un des outils-clefs qui nous permet de discerner la volonté de Dieu dans les « zones grises » délicates de notre vie.

LA FAÇON DONT DIEU NOUS DIRIGE

Tout le monde ne veut pas *accomplir* la volonté de Dieu, mais tout le monde aimerait la *connaître*. On discute des différentes façons dont Dieu la fait connaître : par des circonstances providentielles, des événements inhabituels, des portes ouvertes ou fermées, des rêves, la demande de « preuves », les « toisons de Gédéon » ou d'autres méthodes. Certaines peuvent être parfaitement légitimes, mais si elles sont utilisées comme sources isolées permettant de découvrir la volonté de Dieu, elles risquent d'être on ne peut plus trompeuses.

Dieu se sert essentiellement de quatre moyens pour nous guider :

- la Bible (sa Parole),
- le Saint-Esprit,
- les conseils de chrétiens affermis,
- la conscience

La Bible

La Parole de Dieu fournit la clef de la volonté de Dieu pour chaque chrétien. Les conseils, notre conscience et le Saint-Esprit, ne doivent pas contredire les enseignements des Ecritures.

La Bible nous enseigne et nous dirige par des commandements, des principes et des exemples. il faut donc que nous sachions ce qu'elle dit, ce que cela signifie, et comment l'appliquer à notre vie. « Toute Ecriture est inspirée de Dieu, et utile pour enseigner, pour convaincre, pour corriger, pour instruire dans la justice, afin que l'homme de Dieu soit accompli et propre à toute bonne œuvre » (2 Timothée 3v. 16-17). La Bible est notre guide absolu dans tous les domaines de notre vie.

Chercher la volonté de Dieu sans elle, c'est comme si on essayait de piloter le Concorde sans avoir lu le manuel du pilote : tâche risquée, voire impossible.

Le Saint-Esprit

Inclure le Saint-Esprit dans la recherche de la volonté divine n'est pas une solution mystique ou incertaine. L'Esprit de Dieu utilise la Parole de Dieu pour parler aux gens de notre époque. « Dieu nous les a révélées (les choses qu'il a préparées pour nous) par l'Esprit. Car l'Esprit sonde tout, même les profondeurs de Dieu. Qui, en effet, connaît les choses de l'homme, si ce n'est l'esprit de l'homme qui est en lui ? De même, personne ne connaît les choses de Dieu, si ce n'est l'Esprit de Dieu. Or nous, nous n'avons pas reçu l'esprit du monde, mais l'Esprit qui vient de Dieu, afin que nous connaissions les choses que Dieu nous a données par sa grâce » (1 Corinthiens 2 v. 10-12). Avant de retourner au ciel, Jésus-Christ promit à ses disciples de leur envoyer le Saint-Esprit qui demeurerait en eux pour leur enseigner la vérité, leur donner du discernement et les encourager dans la vie de droiture. (Par une lecture approfondie de Jean 14 à 16, vous découvrirez en détail cette œuvre du Saint-Esprit dans la vie de chaque croyant).

Comment pouvons-nous comprendre ce que dit la Bible ? C'est l'Esprit de Dieu, qui vit dans chaque croyant, qui nous permet de la comprendre. Voilà pourquoi il est indispensable que chaque chrétien étudie et lise les Ecritures pour que le Saint-Esprit puisse l'instruire correctement par la Parole de Dieu.

Les conseils de chrétiens affermis

Dieu utilise nos frères et sœurs en Christ pour nous aider à découvrir sa volonté. Néanmoins, personne ne peut agir à notre place : nous sommes personnellement responsables de nos actions. Mais un ami chrétien mûr voit souvent notre situation ou notre dilemme plus objectivement que nous-mêmes, comme l'indiquait Salomon :

Le fou juge droit son comportement, mais qui écoute un conseil est un sage (Proverbes 12 v. 15).

Par l'orgueil, on n'obtient que contestation, la sagesse se trouve chez ceux qui admettent les conseils (Proverbes 13 v. 10).

Faute de politique un peuple tombe ; le salut est dans le nombre des conseillers (Proverbes 11 v. 14).

Je tiens cependant à vous mettre en garde dans ce domaine : pour les questions morales, éthiques et spirituelles, ne cherchez pas conseil auprès d'un ami non-chrétien. Même si c'est un « brave type », son point de vue n'est pas chrétien, spirituel et biblique. Les Ecritures soulignent ce principe : « Heureux l'homme qui ne marche pas selon le conseil des méchants, qui ne s'arrête pas sur le chemin des pécheurs, et qui ne s'assied pas sur le banc des moqueurs» (Psaume 1 v. 1).

D'autre part, les chrétiens ne donnent pas toujours des conseils judicieux. Il faut que nous fassions preuve de discernement pour choisir un conseiller, connaître sa vie et sa relation avec Dieu. Lorsque nous consultons un chrétien mûr - quelqu'un qui a personnellement expérimenté la direction de Dieu qui mène une vie stable et sainte et qui fonde ses conseils sur la Bible - nous pouvons être assurés que ses conseils ne seront pas contraires à la Parole de Dieu. L'auteur de l'épître aux Hébreux déclare : « Souvenez-vous de vos conducteurs qui vous ont annoncé la parole de Dieu ; considérez l'issue de leur vie et imitez leur foi » (Hébreux 13 v. 7).

La conscience

La conscience est souvent mentionnée dans les Ecritures. L'Apôtre Paul affirme : « C'est pourquoi, moi aussi, je m'exerce à avoir constamment une conscience irréprochable devant Dieu et devant les hommes » (Actes 24 v. 16). Et en parlant des incroyants, il dit que « leur conscience en rend témoignage, et leurs raisonnements les accusent ou les défendent tour à tour » (Romains 2 v. 15).

Dieu utilise notre conscience pour nous guider. Mais qu'est-ce que la conscience ? Comment fonctionne-t-elle ? Comment devons-nous réagir face à ses exhortations ?

FONCTIONS ET CARACTÉRISTIQUES DE LA CONSCIENCE

Le mot « conscience » vient du latin « conscientia ». Le préfixe con signifie « avec » ou « ensemble » ; le verbe scire, dont est dérivée la deuxième partie du mot, signifie « connaître ». Ce terme signifie donc « savoir avec » ou savoir ensemble ». Dans le Nouveau Testament, le grec utilise le mot de « Suneidesis », qui signifie aussi « savoir avec », « voir ensemble » ou « être d'accord avec ».

Mais posons-nous la question : savoir et être d'accord avec quoi ? Voir ensemble avec qui ?

Avec Dieu, bien entendu. Etre d'accord avec lui quant au bien et au mal.

Mais cela ne signifie-t-il pas d'une certaine façon être d'accord avec notre héritage, notre éducation, notre conditionnement, notre environnement et notre culture ? Oui, mais Dieu veut que notre point de référence (le point de comparaison) pour notre vie soit son caractère et ses normes. Notre conscience va souvent au-delà de notre héritage, notre éducation et notre environnement. Quelque chose en nous lutte contre tout ce qui nous conditionne pour déclarer qu'un acte est bon ou mauvais, quelles que soient les normes de notre entourage.

Le théologien norvégien O. Hallesby déclare : « La conscience est la voix d'une loi sainte et surnaturelle. » Elle ne nous contraint pas à l'obéissance - selon Hallesby - mais permet à l'homme de « suivre librement et sans contrainte la loi que sa conscience l'amène à reconnaître comme étant la voie à suivre. » Ainsi, elle nous met à même de prendre les bonnes décisions.

Hallesby déclare aussi que la conscience diffère de l'instinct, cette impulsion intérieure qui force l'animal à adopter un certain comportement. Au contraire, c'est une connaissance, le fait d'être conscient de quelque chose.

Selon Emmanuel Kant, le philosophe allemand du XVIIIe siècle : « Deux choses suscitent en moi un étonnement et une admiration de plus en plus grands, à mesure que mon esprit est attiré de plus en plus intensément et souvent vers elles : les cieux étoilés au-dessus de moi et la loi morale à l'intérieur de moi. »

La conscience est la partie de notre personnalité qui - volontairement ou involontairement - réagit à une loi morale universelle qui est, en fait, la loi morale de Dieu. Elle communique cette loi à l'esprit et l'oblige soit à obéir, soit à étouffer la voix de la conscience.

Mais au lieu d'examiner des définitions humaines, ouvrons la Bible pour voir comment fonctionne cette mystérieuse conscience.

La conscience rend témoignage

En comparant la Loi Juive de l'Ancien Testament à la loi morale dont les incroyants ont conscience, Paul dit : « Quand les païens, qui n'ont pas la loi, font naturellement ce que prescrit la loi - eux qui n'ont pas la loi - ils sont une loi pour eux-mêmes ; ils montrent que l'œuvre de la loi est écrite dans leurs cœurs ; *leur conscience en rend témoignage,* et leurs raisonnements les accusent ou les défendent tout à tour » (Romains 2 v. 14-15). Ce passage nous fournit des indications essentielles sur la conscience. D'après Paul, il y a une loi intérieure qui est le reflet de la Loi de Dieu et qui est « écrite dans leurs cœurs ; leur conscience en rend témoignage », témoin entre un acte extérieur et la loi intérieure. Le témoin décrit ce qu'il a vu ou entendu ; ainsi, la conscience est témoin de nos actes et de nos pensées à tout instant (car le temps présent est utilisé dans ce passage).

Paul a écrit plus tard : « Je dis la vérité en Christ, je ne mens pas, ma conscience m'en rend témoignage par le Saint-Esprit » (Romains 9 v. 1). Ici, le témoignage de la conscience établit un lien entre l'action de Paul et le Saint-Esprit (Dieu). Sa conscience était un témoin précis et fidèle du fait que ses paroles et ses actes étaient irréprochables.

En ce moment même, votre conscience est témoin de vos actes. Quand vous vous souvenez de votre comportement durant ces derniers jours, que vous dit-elle ? Elle s'efforce de vous donner une fidèle image du bilan de comportement par rapport aux normes de Dieu.

La conscience accuse ou excuse

Notez aussi que Paul indique que les raisonnements des incroyants « les accusent ou les défendent tour à tour » (Romains 2 v. 15). Quand j'ai parlé un peu rudement au directeur des ventes, ma conscience m'a accusé de m'être comporté de manière incorrecte. La plupart des gens réagissent avec colère, se défendant quand ils sont accusés ; il est donc normal qu'ils se rebellent contre les accusations de leur conscience (tout comme moi). Cela nous met dans une position délicate puisque nous sommes en colère contre nous-mêmes. De plus, cette colère n'a aucun effet sur l'opinion de notre conscience, ce qui est très frustrant : elle continue à nous accuser.

D'autre part, notre conscience excuse ou défend parfois ce que nous avons fait. Même si on critique notre action, notre conscience nous donnera la paix de Dieu si nous avons bien agi.

La conscience juge nos actes

Paul a fait le point sur son comportement pendant qu'il était à Corinthe et a déclaré que sa conscience lui rendait témoignage qu'il s'était conduit comme il fallait : « Car notre sujet de gloire, c'est le témoignage de notre conscience, que nous nous sommes conduits dans le monde, et surtout à votre égard, avec une sainteté et une sincérité qui viennent de Dieu, non pas avec une sagesse charnelle, mais avec la grâce de Dieu » (2 Corinthiens 1 v. 12).

Hallesby affirme que la conscience ne peut pas agir : elle se contente de rendre un verdict : « Elle compare nos actes, nos paroles, nos pensées et notre être entier à la loi morale, à la volonté de Dieu. Et ensuite, elle rend son verdict et décide si nous sommes en accord ou en conflit avec la volonté de Dieu. » Hallesby décrit les quatre formes que prend ce jugement.

Premièrement, ce jugement est impartial et sans appel. La conscience ne réexamine pas les pièces à conviction : elle rend son verdict une fois pour toutes. Elle examine impartialement les données qu'on lui soumet et prononce son jugement. Même si elle n'a pas toujours raison, son verdict sur une situation donnée et à un moment donné est sans appel.

Deuxièmement, la conscience est irréfutable, absolue et ne peut être rectifiée. Une fois qu'elle a rendu son verdict, on ne peut la persuader, ou lui ordonner de le modifier, ni la flatter dans ce but. Vous pouvez la renforcer, l'endurcir, la mettre davantage au diapason de Dieu ou l'amener à changer ultérieurement. Mais pour l'heure, pour l'acte en question, c'est trop tard.

Troisièmement, la conscience est catégorique : elle rend son verdict et n'en donne pas les raisons. Elle n'explique pas pourquoi elle juge un acte d'une certaine façon, mais se contente de dire qu'il est bon ou mauvais.

Quatrièmement, la conscience est individuelle. La conscience de l'un ne jugera pas de la même façon que celle de l'autre. Elle parle à l'un et pas à l'autre, elle est influencée par tout ce que chacun a appris et vécu personnellement. Bien entendu, cette influence peut être positive si la conscience a été en contact avec la loi supérieure de Dieu révélée dans la Bible.

Nous pouvons aussi ajouter que la conscience n'est pas infaillible. Elle peut se tromper, être faussée, cautérisée. Elle ne peut donc pas être notre unique guide. « Laissez-vous

guider par votre conscience » est un mauvais conseil.
La conscience agit dans l'esprit des chrétiens et des non-chrétiens. Dans le passage cité plus haut (Romains 2 v. 14-15), Paul affirme que les païens (donc les incroyants) sont une loi pour eux-mêmes et que cette loi était discernée par leur conscience. Celle-ci est le « sixième sens » donné par Dieu à chaque être humain. Hallesby estime que c'est « l'élément irremplaçable de la vie humaine. C'est elle qui fait de nous des êtres humains. »

Elle nous convainc même si un certain acte ne paraît pas moralement répréhensible. Quand le roi David avait fait faire un dénombrement en Israël, il ne semblait rien faire de mal. Or « David sentit battre son cœur, après qu'il eut ainsi compté le peuple. David dit à l'Eternel : J'ai commis un grand péché en faisant cela ! » (2 Samuel 24 v. 10). Pourquoi son action était-elle mauvaise ? Peut-être que Dieu ne voulait pas qu'il compte sur ses nombreux soldats, mais sur lui. C'étaient ses motifs qui étaient probablement répréhensibles : L'Eternel lui a parlé par sa conscience. Bien qu'un acte puisse paraître parfaitement légitime, légal ou moral, Dieu demande parfois à notre conscience de nous empêcher de le commettre.

Nous savons tous que nous avons une conscience. Elle nous parle à tout moment en nous condamnant pour nos fautes ou en nous félicitant pour nos bonnes actions. Nous aspirons tous à avoir la conscience tranquille devant Dieu et les hommes. Même le monde reconnaît la valeur d'une conscience en repos. Adam Smith a écrit : « Que peut-on ajouter au bonheur d'un homme qui est en bonne santé, qui n'a pas de dettes et qui a la conscience tranquille ? »

3

COMMENT UTILISER NOTRE CONSCIENCE ET RÉAGIR A SON ÉGARD

Ma femme et moi avions pris deux jours de vacances et nous nous reposions dans un motel. Un matin, assis près de la piscine, je lisais un livre chrétien sur l'éthique personnelle et j'étudiais le chapitre qui abordait la conscience. Je vis près de moi deux hommes munis d'appareils photo. L'un d'entre eux s'approcha et me demanda s'ils pouvaient m'inclure dans leurs photos. Je lui dis que ça ne posait aucun problème. Puis il mentionna que quelques jeunes femmes se mettaient en maillot de bain et allaient bientôt nous rejoindre. J'étais un peu perplexe, mais ça paraissait normal, puisque nous étions près d'une piscine.

Quelques minutes après, trois jeunes femmes firent leur apparition. le photographe les plaça autour de moi, assis dans un fauteuil, et prit quelques clichés. Je me sentais un peu mal à l'aise, bien que rien d'inconvenant ne se produisît. Les jeunes femmes changèrent plusieurs fois de place et plusieurs photos furent prises.

L'une des jeunes femmes remarqua que je lisais un livre chrétien. « Vous êtes chrétien ? » me demanda-t-elle. Je répondis que oui ; elle dit qu'elle l'était aussi. Quelques instants après, elle me dit : « Ça ne dérange pas votre femme qu'on vous photographie avec une autre femme ? »

Non, elle me fait confiance », répondis-je en indiquant qu'elle était dans notre chambre et savait qu'on faisait ces photos. « Au fait », me renseignai-je, « à quoi serviront ces photos ? ».

« Oh, on va faire une brochure publicitaire pour le motel », répondit-elle.

La séance de photos se termina et je retournai dans notre chambre. Pendant que je décrivais la situation à Mary, le doute me gagna. Et si quelqu'un voyait les images de la brochure, me reconnaissait et faisait une mauvaise interprétation de ces circonstances? J'étais innocent, mais la situation troublait ma conscience, j'étais mal à l'aise. Je me demandais si j'avais eu tort de permettre qu'on fasse les photos.

Plus tard dans la matinée, je me rendis à la réception pour régler la note et j'y rencontrai le directeur de l'hôtel. Je lui demandai l'usage qu'on allait faire des photos et il confirma qu'elles allaient figurer dans une brochure publicitaire. Il indiqua aussi qu'on avait pris un objectif à grand angle, que les gens allaient paraître tout petits et qu'on ne pourrait probablement pas les reconnaître.

Eh bien, me dis-je, tant mieux pour moi!

Mais pendant que je sortais nos bagages de la chambre, ma conscience continuait à me troubler. Je me demandais comment cela pouvait affecter les Navigateurs et mon témoignage chrétien si quelqu'un me reconnaissait. Je me rendis à nouveau chez le directeur et le priai de ne pas utiliser ma photo. Je lui demandai pardon de l'avoir laissé me photographier, en lui expliquant que je faisais partie d'une organisation chrétienne et que les photos risquaient d'être mal interprétées. A ma surprise, il me dit qu'il comprenait parfaitement et il me pria de l'excuser d'avoir pris les photos sans me dire à quoi elles étaient destinées, expliquant qu'il s'y était pris à la dernière minute.

Cet épisode décrit une action qui, en elle-même, n'avait rien de répréhensible, et pourtant ma conscience me poussa à faire marche arrière.

Finalement, lorsque j'obéis à la voix de ma conscience, je retrouvai la paix.

Peut-être étais-je trop sensible, ou peut-être pas assez.

Ma conscience avait-elle essayé de me parler avant que les photos ne soient prises et n'avais-je rien entendu? Quoiqu'il en soit, elle m'aiguillonna jusqu'à ce que je lui obéisse, bien qu'aucune faute éthique n'ait été commise. Comment devons-nous répondre à ses injonctions?

Quand la conscience fonctionne

La conscience est tout le temps en éveil, mais elle arrive à nous influencer plus ou moins bien. Parfois elle chuchote, parfois elle crie!

Avant que nous envisagions une action, elle cherche à nous dire si c'est bien ou mal. Le combat s'engage dans notre esprit. Notre conscience y lutte contre toutes sortes de propositions, de raisons, d'impulsions et de motifs. Elle nous parle plus ou moins fort selon les informations dont elle dispose et selon les pensées qui traversent le plus souvent notre esprit à ce moment-là.

C'est là que la lutte pour la pureté, l'honnêteté et la moralité doit être menée et remportée. Nos pensées ne tarderont pas à se transformer en actes si l'occasion s'en présente. Il faut donc que notre conscience puisse se prononcer avant que nous ne passions à l'acte.

Il y a quelques années, un jeune homme qui était chrétien depuis peu de temps avait été envoyé en Asie pour une mission militaire de trois mois. Les occasions de péché et d'immoralité ne manquaient pas autour de lui. A son retour, il expliqua : « Heureusement que j'ai étudié la Bible avant d'y aller. Quand vous êtes à 15 000 km de chez vous, rien n'est plus facile que de penser que vous êtes à 15 000 km de Dieu. Mais les Ecritures et ma conscience ont été mes sources de force pour résister à la tentation. »

Pendant une action, la conscience exerce généralement une influence très faible. Nous sommes si obnubilés par ce que nous faisons que nous sommes sourds aux cris de notre conscience. Même si nous l'entendons, nous allons de l'avant tout en essayant de nous justifier. Une fois que nous nous sommes engagés dans un acte répréhensible, nous avons beaucoup de mal à nous arrêter. L'élan, le désir et l'intensité du moment semblent nous interdire toute marche arrière. C'est pourtant possible. Il s'agit simplement de surmonter le désir. Même lorsque nous commettons le pire des actes, nous ne pouvons étouffer notre conscience. Il vaut mieux lui obéir à ce moment-là qu'après.

La conscience parle le plus fort *après* qu'un acte ait été commis, en prononçant son verdict sur cet acte. Elle nous en demande des comptes. Nous pouvons réagir de plusieurs manières. Une fois que la conscience de David lui eût reproché son dénombrement d'Israël, il le confessa et se repentit de ce qu'il avait fait (2 Samuel 24 v. 10). Par contre, Adam et Eve se cachèrent loin de Dieu après qu'ils lui eussent désobéi (Genèse 3 v. 7-8).

Nous cherchons tout naturellement à échapper aux conséquences de notre péché que la conscience nous révèle. Nous fuyons la présence de Dieu jusqu'à ce que nous suivions les injonctions de notre conscience. Nous restons donc en communion avec Dieu dans la mesure où nous conservons une conscience pure.

Ce que la conscience juge

La conscience ne se contente pas de commenter nos actes. Elle juge aussi nos paroles, ce que nous disons et comment nous le disons. Elle nous juge d'après la véracité, l'amour et la gentillesse que nous exprimons ou communiquons à autrui. Elle ne tarde pas à nous accabler de reproches si nous parlons durement, de façon mensongère, méchante ou coléreuse.

La conscience juge aussi nos *pensées*. C'est à ce niveau que nous l'étouffons souvent, puisqu'aucun acte visible n'a encore été commis et que nos pensées sont fréquemment embrouillées et fugaces. Mais la conscience s'intéresse particulièrement aux pensées et aux schémas de pensée habituels et durables qui ne sont ni temporaires, ni bénins. Ceux-ci ne tardent pas à prendre une place dominante et à produire des actes répréhensibles. La conscience nous avertit de ces pensées dès leur genèse.

Elle juge également nos *attitudes*, c'est-à-dire nos opinions ou nos sentiments intérieurs. Nous entretenons des attitudes d'amour, de haine, de sympathie, d'amertume, de colère, d'indifférence et bien d'autres qui sont soit positives, soit négatives. Les attitudes se placent à un niveau qui se situe en-dessous de nos pensées conscientes, ce qui n'empêche pas à la conscience d'y avoir accès.

Finalement, elle juge nos *motifs*. Tandis que nos attitudes habitent en nous et ne s'expriment pas toujours par des actes, les motifs sont les raisons directes et sous-jacentes qui nous amènent à agir d'une certaine façon.

Un bon motif produit aussi bien des actes convenables que des actes inacceptables. Ainsi, quand un parent corrige son enfant, son motif devrait être de le préparer à mener une vie droite et à être un bon citoyen.

Ce parent peut le faire par amour, conseil et discipline, qui sont parfaitement en accord avec la Bible. Mais poussé par le même motif, il peut gronder, mépriser, ridiculiser et imposer des exigences excessives, ce qui est aussi bien inconvenant qu'improductif.

DIFFÉRENTS TYPES DE CONSCIENCE

Guy était étudiant dans une université célèbre. Grâce au témoignage et à l'influence de quelques condisciples chrétiens, il accepta Christ dans sa vie. A mesure qu'il grandissait spirituellement, il changea radicalement. Il cessa de jurer, il se réconcilia avec son père, il étudia la Bible et il partagea sa nouvelle foi avec ses amis. Néanmoins, il continua d'habiter chez sa petite amie. Ses amis chrétiens s'en inquiétaient, mais n'en dirent rien. Finalement, un autre chrétien lui démontra par plusieurs passages bibliques que ce comportement était répréhensible. Guy fut stupéfait et réagit immédiatement en changeant de domicile. Il ne savait absolument pas qu'il avait mal agi. Dans le monde étudiant actuel, sa situation était si normale qu'elle paraissait légitime. Avant de connaître l'enseignement biblique à ce sujet, il ne disposait pas d'informations sur lesquelles sa conscience pût se fonder.

La situation de Guy montre qu'il y a conscience et conscience. Les Ecritures s'étendent longuement sur ces différents types de consciences.

Une bonne conscience

Debout devant ses accusateurs, Paul déclara : « C'est en toute bonne conscience que je me suis conduit devant Dieu jusqu'à ce jour » (Actes 23 v. 1).

Il ne faut pas en conclure que Paul n'a jamais péché ou transgressé sa conscience, mais que lorsque celle-ci parlait, il lui obéissait promptement et comme il faut. Il avait bonne conscience « devant Dieu » ; le Seigneur était donc à la base de son jugement et le point de référence de sa conscience.

Paul recommanda à Timothée de garder « la foi et une bonne conscience. Cette conscience, quelques-uns l'ont abandonnée et ont ainsi fait naufrage en ce qui concerne la foi » (1 Timothée 1 v. 19). Abandonner sa bonne conscience est très néfaste pour notre foi (voir aussi 1 Timothée 3 v. 8-9).

Une mauvaise conscience

Les Ecritures parlent aussi d'une mauvaise conscience. L'auteur de l'épître aux Hébreux écrit : « Approchons-nous donc d'un cœur sincère, avec une foi pleine et entière, le cœur purifié d'une mauvaise conscience et le corps lavé d'une eau pure» (Hébreux 10 v. 22). La Bible ne définit pas précisément ce qu'est une «mauvaise conscience», mais le contexte de ce verset nous éclairera. Nous lisons plus haut que le sang du Christ purifiera «notre conscience des œuvres mortes» (Hébreux 9 v. 14). Nous pouvons en conclure qu'une mauvaise conscience a connaissance de péchés («œuvres mortes») qui n'ont pas été confessés et purifiés. Le mot grec utilisé dans Hébreux 10 v. 22 est «poneros», qui signifie «un mal qui provoque des douleurs, une souffrance ou du chagrin.»

La mauvaise conscience est une conscience non purifiée, et non une conscience qui nous pousse à mal faire. En s'abstenant de confesser certains péchés, la personne dont la conscience est mauvaise est plus susceptible de pécher et moins encline au bien.

Une conscience insensible

Dans sa première lettre à Timothée, Paul parle de menteurs et d'hypocrites qui étaient «marqués au fer rouge dans leur propre conscience» et qui «abandonneront la foi, pour s'attacher à des esprits séducteurs et à des doctrines de démons» (1 Timothée 4 v. 1-2). Dans une autre lettre, il dit que les incroyants «ont la pensée obscurcie, ils sont étrangers à la vie de Dieu, à cause de l'ignorance qui est en eux et de l'endurcissement de leur cœur. Ils ont perdu tout sens moral, ils se sont livrés au dérèglement, pour commettre toute espèce d'impureté jointe à la cupidité (Ephésiens 4 v. 18-19).

Ces passages décrivent parfaitement des gens dont la conscience a été rendue insensible. Ils sont hypocrites et endurcis. Leur conscience a été cautérisée comme par un fer rouge touchant leur peau : tout d'abord, on sent une cuisante douleur, puis un certain engourdissement ; quand la blessure guérit, la cicatrice n'a plus d'extrémités nerveuses lui permettant d'avoir des sensations tactiles.

Ou touchez l'un des durillons de votre pied : il n'est même pas sensible aux chatouillis. Il en va de même de la conscience cautérisée. Elle a été brûlée et détruite par une tolérance à l'égard du péché et n'est plus sensible à rien. Lorsque le même péché est commis très souvent, elle finit par se taire.

Une conscience insensible peut-elle être ravivée ? Heureusement que notre conscience n'est pas comme notre peau : elle peut être guérie, restaurée et « recyclée » par la Parole de Dieu après qu'elle ait perdu sa sensibilité.

En attendant que la conscience redevienne fiable, nos actes doivent se fonder sur une réaction directe aux enseignements des Ecritures et non sur les conseils de la conscience. Ce processus de régénération devra se poursuivre jusqu'à ce que les incitations de la conscience soient régulièrement en conformité à la Bible dans les domaines où elle était insensible. Ceci demande généralement beaucoup de temps.

Il se peut que la conscience endurcie soit fiable jusqu'à un certain point dans certains domaines et pas dans d'autres. Parfois elle vous harcèle à propos d'un mensonge, mais vous laisse parfaitement tranquille à propos d'un péché sexuel. Néanmoins, un péché non confessé dans un domaine de votre vie débordera tôt ou tard dans d'autres domaines. Une conscience insensible sur certains points risque de s'affaiblir peu à peu sur tous les autres.

L'efficacité de la conscience dépend souvent de l'arrière-plan et de l'éducation des gens plutôt que directement des Ecritures. Bien des non-chrétiens mènent une vie morale conforme à une grande partie de la Bible sans fonder leurs actes sur ses enseignements.

Une conscience affaiblie

La faiblesse d'une conscience peut se traduire soit par une immaturité, soit par un excès de sensibilité. L'apôtre Paul parle aux Corinthiens du premier cas : « Prenez garde, toutefois, que votre droit ne devienne une pierre d'achoppement pour les faibles. Car si quelqu'un te voit, toi qui as de la connaissance, assis à table dans un temple d'idoles, sa conscience, à lui qui est faible, ne le portera-t-elle pas à manger des viandes sacrifiées aux idoles ? Et ainsi le faible périt par ta connaissance, le frère pour lequel Christ est mort ! En péchant de la sorte contre les frères et en heurtant leur conscience faible, vous péchez contre Christ » (1 Corinthiens 8 v. 9-12).

Le problème ici, c'est que le chrétien dont la conscience est faible peut être amené à pécher en imitant ou en interprétant de travers les actes d'un autre chrétien. Le nouveau converti garde bon nombre des idées culturelles et religieuses de son passé non-chrétien. Il risque donc d'être dérouté en cherchant à voir ce que signifie vivre en tant que chrétien. Il faut qu'il développe sa conscience en étudiant et en appliquant les Ecritures.

J. Oswald Sanders nous aide à comprendre les consciences excessivement sensibles. Il écrit : « Bien des chrétiens sensibles ont gâché leur vie à cause d'une conscience faible et morbide dont la voix condamnatoire ne leur laissait aucun répit. Leur profonde sincérité et leur désir de faire la volonté de Dieu ne faisaient qu'aggraver le problème et les forçaient à vivre dans un état d'auto-accusation perpétuelle. »

Prenez le cas de Charles. Il marchait sur le trottoir lorsqu'il vit une bouteille cassée. Il poursuivit son chemin, mais éprouva des remords de conscience. Et si quelqu'un glisse dessus, tombe et se blesse ? pensa-t-il. Alors ce serait ma faute, car je l'ai vue et je ne l'ai pas ramassée ! Il continua, s'arrêta, lutta avec sa conscience, continua, puis céda finalement, fit demi-tour et ramassa la bouteille.

Quel mal y a t-il dans le fait de ramasser une bouteille ? Aucun ! N'était-ce pas gentil de sa part ? Bien sûr que si ! Mais Charles se trouvait des dizaines de fois par jour dans la même situation délicate. Un clou, un morceau de bois, un parquet glissant et bien d'autres bagatelles l'obnubilaient et troublaient sa conscience. Trop consciencieux, il était paralysé. S'il ne répondait pas à toutes ces situations, la culpabilité le terrassait.

Considérons un autre cas. Judith indiqua en passant à Constance qu'elle avait essayé six fois de lui téléphoner la veille et qu'elle avait discuté pendant une heure avec une amie commune. Une fois seule, sa conscience se mit à la tourmenter. Avait-elle essayé de téléphoner six ou quatre fois ? La conversation avait-elle duré une heure ou 50 minutes ? Etait-ce vraiment important ? Pour elle, oui ! Paralysée par la culpabilité, persuadée d'avoir menti, elle téléphona à Constance pour lui demander pardon.

Judith et Charles étaient prisonniers d'une conscience faible et trop scrupuleuse. Il fallait que Charles comprenne qu'il ne pouvait pas remplacer Dieu dans son rôle de protecteur de la population de sa ville. Il devait bien sûr faire de son mieux pour assurer la sécurité d'autrui, mais s'inquiéter de vétilles, l'empêchait de vivre normalement. Il fallait que Judith fasse la différence entre les mensonges délibérés et les erreurs bénignes.

Le problème fondamental d'une conscience trop pointilleuse est le légalisme. Elle nous fait vivre dans la crainte de la lettre d'une loi implicite, si bien que si nous n'y obéissons pas jusque dans le moindre détail, nous craignons de briser notre relation avec Dieu ou de faire du mal à quelqu'un. Dans les cas extrêmes, ce problème peut provoquer une dépression nerveuse.

Voici quelques moyens permettant de transformer une conscience trop sensible :

1. Comprendre clairement sur la base des Ecritures que notre position vis-à-vis de Dieu se fonde sur sa grâce et non sur nos œuvres (Ephésiens 2 v. 8-9 ; Romains 5 v. 1).

2. Etudier les passages bibliques portant sur la souveraineté de Dieu par rapport à nous-mêmes et les autres.

3. Demander à Dieu de perfectionner notre conscience selon ses normes.

4. Résister aux sollicitations de la conscience sur ces points sensibles, sauf si vous voyez qu'elles sont directement conformes à un commandement moral des Ecritures.

5. Si le problème persiste, demander conseil à un ami chrétien mûr ou un psychologue chétien spécialisé dans la cure d'âme. Aborder ouvertement vos différents problèmes vous permet souvent de clarifier vos idées.

L'apôtre Jean écrit : « Par là nous connaîtrons que nous sommes de la vérité, et nous apaiserons notre cœur devant lui, de quelque manière que notre cœur nous condamne : Dieu est plus grand que notre cœur et connaît tout » (1 Jean 3 v. 19-20).

Il convient cependant de noter qu'il y a beaucoup plus de gens qui sont enclins à être sourds et à résister à l'œuvre de la conscience, que de gens chez lesquels elle est trop sensible.

Une conscience souillée

Si nous refusons continuellement de nous laisser guider par la Parole et la conscience, celle-ci se corrompt et devient souillée. « Tout est pur pour ceux qui sont purs, mais rien n'est pur pour ceux qui sont souillés et incrédules », écrit Paul. « Leur intelligence aussi bien que leur conscience est souillée. » (Tite 1 v. 15). Alors la conscience perd sa capacité de distinguer entre le bien et le mal, et risque parfois de souscrire à un péché. Le mélange du « pur » et de l'« impur » la souille.

La conscience souillée et la conscience endurcie ont bien

évidemment des points communs. Mais tandis que cette dernière est totalement insensible, la première est prise dans le tourbillon du bien et du mal (Voir aussi 1 Corinthiens 8 v. 7).

COMMENT SUIVRE SA CONSCIENCE

Jusqu'ici, nous avons rencontré plusieurs difficultés qui nous amènent parfois à nous demander si nous devons suivre notre conscience :

1. Elle peut être insensible ou cautérisée, donc incapable de nous guider.

2. Elle peut être trop tendre ou faible, donc peu fiable.

3. Elle n'a pas une autorité absolue, puisqu'elle est conditionnée par notre arrière-plan familial et notre éducation.

4. Elle a des lacunes et doit être complétée par l'influence des Ecritures, du Saint-Esprit et de conseils avisés.

Comment réagir correctement à la conscience

Comme la conscience seule est parfois sujette à caution, il faut que nous prenions certaines mesures pour vérifier ses affirmations. La Figure 1 donne le schéma de ce processus.

1. D'abord nous commettons un acte, prononçons une parole, avons une pensée ou adoptons une attitude, ou encore nous envisageons de le faire.

2. Ensuite notre conscience parle, rendant son verdict sur le caractère moral ou immoral de ce que nous avons fait.

3. A ce moment-là, nous sommes parfois tentés d'analyser intellectuellement cette situation et de laisser notre volonté nous dicter l'action. Ce n'est pas la bonne solution. Il faut que l'étape suivante soit l'examen des Ecritures pour voir ce qu'elles disent à ce propos. Même si la Bible n'aborde pas directement ce sujet, il faut que nous la lisions et que nous l'étudions régulièrement afin que le Saint-Esprit puisse s'en servir pour nous guider.

4. Nous devrions demander conseil à un ami chrétien lorsque nous n'avons pas de certitudes à ce moment-là.

5. Finalement, il faut que nous agissions sur la base de la foi. « Tout ce qui ne résulte pas de la foi est péché » (Romains 14 v. 13).

Acte, parole,
pensée ou
attitude

La conscience
parle.

INCORRECT :
Analyse intellectuelle.

CORRECT :
Examen des Ecritures,
recherche de conseils.

Prise de l'initiative
selon notre volonté.

Prise de l'initative
sur la base de la foi.

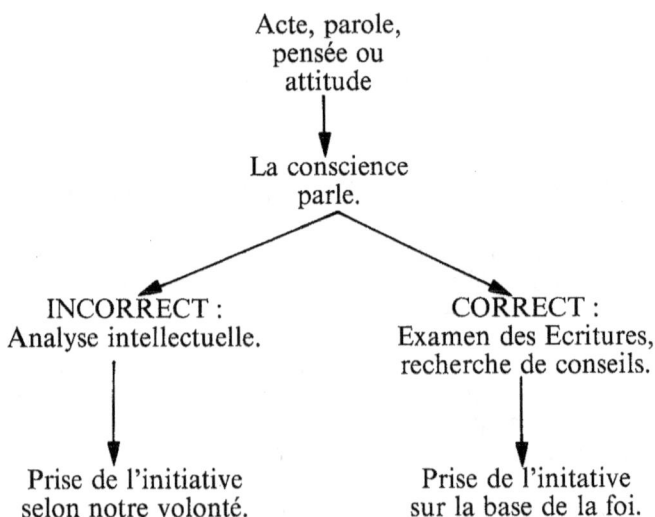

Figure 1. Comment réagir à notre conscience.

Pour réagir correctement à ce que notre conscience nous dit, nous sommes parfois obligés de rendre des comptes à une personne de quelque chose que nous avons fait, ou confesser une chose, d'abord à Dieu, ensuite à autrui.

Ou bien nous devons commencer à faire quelque chose ou arrêter de la faire : maîtriser notre langue, ou être plus serviable à la maison. Il y a peut-être une attitude à changer envers une personne ou une situation, ou un pardon à accorder à celui qui nous a offensés, même s'il ne nous a pas demandé pardon. En tout cas, pour avoir bonne conscience vis-à-vis de Dieu et des hommes (Actes 24 v. 16), nous devons faire ce qui convient.

COMMENT FORMER ET AFFERMIR NOTRE CONSCIENCE

Vous avez beau comprendre parfaitement le fonctionnement de votre conscience, cela ne servira à rien si elle ne se transforme en outil sensible entre les mains de Dieu. Comment pouvons-nous former, transformer ou développer notre conscience ? Voici quelques conseils :

Ayez une conscience chrétienne

La seule façon d'avoir une conscience chrétienne est d'être chrétien. Bien des gens sont profondément moraux et même très religieux, sans être chrétiens dans le sens biblique du terme. Il se peut que les combats que vous avez à mener sur le terrain de la conscience constituent le moyen dont Dieu se sert pour vous aider à vous engager personnellement à son égard.

Le processus de la « conversion » tel qu'il est expliqué dans la Bible est très simple. Premièrement acceptez et reconnaissez que vous êtes pécheur (Romains 3 v. 23) et que votre péché vous a séparé de Dieu.

Deuxièmement, reconnaissez que Jésus-Christ est mort pour vous et votre péché et qu'il vous offre le don gratuit de la vie éternelle (Romains 5 v. 8, 3 v. 16).

Troisièmement, demandez tout simplement à Christ d'être votre Seigneur et Sauveur et de vous accorder la vie éternelle (Jean 1 v. 12, 5 v. 24).

Lorsque vous croyez en Christ, votre conscience s'ouvre à deux nouvelles sources d'information : le Saint-Esprit et la Bible, qui sont l'un et l'autre essentiels pour faire de votre conscience l'instrument voulu par Dieu.

Lecture régulière des Ecritures

Bien des gens ne consultent les Ecritures que pendant les sermons. Bien que ce soit un bon début, il ne suffit pas d'écouter des sermons pour développer notre conscience. Chaque chrétien a besoin de lire quotidiennement la Bible. Nous devons chaque jour mettre quelques instants de côté pour la lire et prier à propos de ce que nous avons lu. Dix ou quinze minutes de prière et de lecture biblique quotidiennes changeront votre vie.

Quand nous passons régulièrement du temps avec Dieu dans sa Parole, nous sommes souvent surpris de voir notre conscience nous diriger avec précision dans les « zones grises » de notre vie.

Obéissance

L'obéissance à la Parole de Dieu et à la conscience constitue une autre clé du développement de la conscience. D'abord nous obéirons dans les domaines indiscutables de la vie, où la volonté de Dieu ne fait pas de doute (un certain péché, notre manque de communion avec les autres chrétiens, un manque de témoignage, ou de mauvaises relations dans notre famille.) Ensuite il nous faut suivre fidèlement la voix de notre conscience.

Mémorisation des Ecritures

Apprendre par cœur des passages des Ecritures permet au Saint-Esprit de les utiliser pour former notre conscience. « Comment le jeune homme rendra-t-il pur son sentier ? En observant ta parole ... Je serre ta parole dans mon cœur, afin de ne pas pécher contre toi », écrivait le psalmiste (Psaume 119 v. 9, 11). Si notre esprit est rempli de versets bibliques, cela aura une profonde incidence sur la sensibilité de notre conscience.

Il faut que nous formions notre conscience pour qu'elle réagisse correctement. Cela ne se passera pas automatiquement. Nous devons nous fixer ce but et y tendre. Alors nous pourrons avoir la même conviction que Martin Luther, qui répondit à ses accusateurs : « Ma conscience est liée par la Parole de Dieu. Je ne peux et je ne veux rien rétracter, puisqu'il est dangereux et risqué d'agir à l'encontre de sa conscience. Telle est ma position, je n'ai pas le choix. »

4

L'HONNÊTETÉ :
UN ORDRE BIBLIQUE

Un représentant frappa à la porte d'une maison manifestement délabrée. La mère demanda à son petit garçon de dire au représentant qu'elle ne pouvait pas le laisser entrer, car elle était dans sa baignoire. Le petit garçon ouvrit et déclara : « Nous n'avons pas de baignoire, mais ma maman veut que je vous dise qu'elle y est. »

C'est une histoire plaisante, une blague certainement, mais également un commentaire sur notre conception de l'honnêteté. La tension continuelle entre l'opportunisme et l'honnêteté amène la plupart d'entre nous à transiger sur nos normes et à désobéir à notre conscience.

La malhonnêteté est devenue un mode de vie dans notre société : sachets de bonbons à moitié remplis, jouets en matière plastique qui ne survivent pas à quelques heures de jeu, publicités qui passent sous silence les défauts d'un produit et en grossissent les qualités, escroquerie sur des réparations automobiles, tricherie à l'école et infidélité au sein du couple. Ce ne sont là que quelques-unes des pratiques qui nous amènent à soupçonner tout le monde et à vivre nous-mêmes aux frontières de la malhonnêteté.

Mais qu'est-ce que la véritable honnêteté ? Est-ce tout simplement ne pas tricher, voler ou mentir ? Comment établissons-nous les normes de l'honnêteté ? Est-il possible d'être parfaitement honnête ?

Certains lient l'honnêteté à la loi. Tout ce qui est toléré par la loi écrite du pays est honnête. Si la loi reste muette sur un certain acte, alors l'acte est permis. Par voie de conséquence, des milliers d'ouvrages juridiques détaillés ont été rédigés pour légiférer sur tout, depuis les meurtres prémédités jusqu'aux infractions de stationnement.

Certains considèrent l'honnêteté comme une affaire de

conscience personnelle. Ils obéissent à la loi écrite uniquement à cause des sanctions auxquelles elle les expose. Selon eux, la loi véritable, c'est la loi intérieure. Il n'y a pas de mal objectif : tout est permis, sauf ce qui viole la conscience. Pour d'autres, l'honnêteté est le reflet de la règle d'or : « Ce que vous voulez que les hommes fassent pour vous, faites-le pareillement pour eux » (Luc 6 v. 31). Eux aussi font appel à un jugement subjectif : il n'existe pas de normes établies.

D'autres interprètent l'honnêteté comme un légalisme que l'on s'impose à soi-même, qui va beaucoup plus loin que la loi écrite de la société ou même celle de la Bible. Elle devient alors un jeu de règles fabriquées qui légifèrent sur chaque acte et chaque parole.

D'autres encore estiment que la pratique de l'honnêteté dépend de la situation. A-t-on le sentiment d'agir correctement ? Ce qui me semble juste dans une certaine situation peut ne pas l'être dans une autre. Par conséquent, il n'existe pas de normes véritables.

La Bible fixe-t-elle des normes absolues en matière d'honnêteté ? Pouvons-nous trouver un passage biblique adéquat pour avoir une réponse claire à tout dilemme concernant l'honnêteté ? Pas nécessairement. La Bible nous fournit de nombreuses directives précises et des commandements spécifiques sur différents aspects de l'honnêteté. Mais elle offre essentiellement des principes de conduite généraux. Le Saint-Esprit peut s'en servir pour amener notre conscience à discerner ce qui est honnête et juste.

L'honnêteté telle qu'elle est décrite par les Ecritures signifie bien plus que simplement s'abstenir du mensonge. Par exemple, écrivant à propos de son engagement à bien gérer l'argent confié à un fond de secours, Paul dit : « Car nous recherchons ce qui est bien, non seulement aux yeux du Seigneur, mais aussi aux yeux des hommes » (2 Corinthiens 8 v. 21). L'honnêteté exige un comportement irréprochable et un mode de pensée convenable qui se traduit par un style de vie honorable.

Un style de vie honnête est le résultat d'efforts diligents et de prières ferventes. « Priez pour nous » écrit l'auteur de l'épître aux Hébreux, « car nous sommes convaincus d'avoir une bonne conscience, avec la volonté de bien nous conduire à tous égards » (Hébreux 13 v. 18). L'honnêteté doit englober tous les domaines de notre vie aussi bien que des détails spécifiques de véracité, car il est possible d'être scrupuleusement honnête dans un domaine de la vie et manifestement malhonnête dans un autre. Considérons maintenant les nombreuses facettes de l'honnêteté et de la malhonnêteté.

Vérité

Peu avant de livrer Jésus à ceux qui allaient le crucifier, Pilate lui demanda : « Qu'est-ce que la vérité ? » (Jean 18 v. 38). C'est une question bien ancienne. La vérité fait évidemment partie intégrante de l'honnêteté. Etre honnête, c'est sans aucun doute être véridique.

Il y a de nombreuses catégories, de vérité. La vérité scientifique peut être vérifiée à l'aide de procédés scientifiques reconnus. Cette vérité se rapporte généralement à des faits physiques : un certain type de métal, l'identification d'un arbre ou le fonctionnement du moteur d'une voiture. Il ne faut pas confondre vérité scientifique et théories scientifiques telles que celles concernant l'évolution biologique ou la structure de l'atome.

Lorsqu'une personne exprime ses convictions religieuses, elle décrit une vérité doctrinale fondée sur une interprétation des Ecritures. La plupart des chrétiens sont d'accord sur certaines doctrines fondamentales telles que la divinité de Christ, l'autorité de la Bible et le salut par Jésus-Christ. Mais bien d'autres points font l'objet d'interprétations divergentes : le baptême, la gestion de l'église, la forme des cultes et la prophétie. Un désaccord sur des vérités doctrinales ne sous-entend pas nécessairement un mensonge ou de la malhonnêteté, à moins qu'on ne falsifie grossièrement les Ecritures comme c'est le cas de certains cultes.

Jésus-Christ et la Parole de Dieu incarnent une autre forme de vérité. Jésus a dit : « Moi, je suis le chemin, la vérité et la vie. Nul ne vient au Père que par moi ». (Jean 14 v. 6). Le Seigneur prétendait être l'incarnation de la vérité divine. Dans la Bible, il est lui-même appelé la Parole (Jean 1 v. 14). Il a prié : « Ta Parole est la vérité » (Jean 17 v. 17). Dieu, la source de toute vérité, a révélé sa vérité à travers le Christ ainsi que dans les Ecritures. Si Christ et les Ecritures sont la vérité, nous pouvons définir avec confiance ce que sont l'honnêteté personnelle et la véracité en nous appuyant sur les Ecritures.

L'usage le plus répandu du mot « vérité » le rend synonyme de « faits ». Le contraire de mentir, c'est présenter des faits réels. Si quelqu'un vous demande à quelle heure vous êtes arrivé au bureau et que vous répondez « 7 h 52 », vous avez exposé un fait bien précis qui peut-être prouvé ou contesté.

Paul a dit : « Je dis la vérité en Christ, je ne mens pas, ma conscience m'en rend témoignage par le Saint-Esprit » (Romains 9 v. 1). Notez bien le lien qu'il établit entre la vérité, le refus de mentir, la conscience et le Saint-Esprit. Pour prouver la véracité de ses dires Paul fait appel à sa conscience et à l'Esprit-Saint comme témoins.

Mensonge

Dans les Ecritures, Dieu condamne le mensonge sous toutes ses formes. Parmi les choses que l'Eternel a en horreur figurent « la langue trompeuse » et « le faux témoin qui profère des mensonges » (Proverbes 6 v. 16-19).

Or le mensonge nous est si naturel, surtout si la vérité nous empêche d'avoir ce que nous voulons. Nous sommes enclins à nuancer la vérité, à la rendre un tout petit peu plus favorable à nos desseins. Nous prenons l'habitude de mentir à Dieu, à nos amis, à nos collègues, voire à nous-mêmes.

Depuis le jour où nous l'avions achetée neuve, notre vieille « coccinelle » Volkswagen datant de 1962 faisait partie de notre famille. Récemment, lorsque je l'ai vendue, je connaissais tous ses points forts et ses points faibles. Que fallait-il en révéler au futur acheteur ? Devais-je uniquement répondre à ses questions, ou tout lui dire ? Je me rendis compte qu'il fallait que je lui dise tout. Drôles d'arguments d'achat ! « Il faut que vous répariez le klaxon ... Il faudra également changer les freins à la prochaine révision ... les feux de recul ne fonctionnent pas ... Je crois que le moteur de l'essuie-glace est grillé ». J'avais néanmoins quelques points favorables : ma voiture avait un nouveau moteur et la calandre venait d'être réparée. Tandis que je lui mentionnais tout ça, l'acheteur me lorgna d'un air narquois, se demandant manifestement : « Qu'en est-il des autres défauts qu'il m'a passés sous silence ? »

En tout cas, le premier acheteur qui l'examina l'acheta. Pendant que nous nous rendions au Greffe pour signer l'acte de vente, l'acheteur me prit à part et me souffla : « Déclarez que je vous ai versé 300 dollars pour la voiture». En fait, il me l'avait payée 500 dollars ! Je rétorquai : « Cela m'ennuierait de faire ça, car je suis chrétien et ce n'est pas honnête ». Il expliqua : « Moi aussi je suis chrétien. Mais je n'ai vraiment pas envie de payer des taxes et je désire l'éviter si je le peux ». Personne n'aime contrarier autrui ; je voulais lui faire plaisir. Intérieurement, j'étais tenté de lui donner raison : 6 dollars de taxe, ce n'était pas grand-chose ! Mais ce n'était pas possible : je refusai. Il était scandalisé ! Je suis sûr qu'il ne me dit pas tout ce qu'il pensait. Pourtant ma conscience était restée pure. Je n'ai pas pu lui rendre un témoignage complet, mais j'espère que par la suite, il va associer l'honnêteté à la marque d'un chrétien. J'espère qu'il se souviendra longtemps de notre rencontre et donnera au Saint-Esprit l'occasion de le convaincre un jour.

L'un des éléments-clefs dans une bonne relation est la vérité, comme nous le dit la Bible : « Ne mentez pas les uns aux autres, vous qui avez dépouillé la vieille nature avec ses pratiques » (Colossiens 3 v. 9). « C'est pourquoi, rejetez le mensonge et que chacun de vous parle avec vérité à son prochain ; car nous sommes membres les uns des autres » (Ephésiens 4 v. 25).

Le mensonge détruit la confiance, et une fois la confiance détruite, une relation a de la peine à être rétablie. Or l'habitude du mensonge peut se développer de façon si insidieuse qu'on ne s'en rend pas compte. D'abord nous mentons à propos de « petites » choses sans « importance ». Puis nous en prenons l'habitude. Peu à peu, nous perdons notre crédibilité et de précieuses amitiés.

Calomnie

La calomnie est une forme de mensonge malveillant. La diffamation, l'un de ses synonymes, est définie comme étant « toute allégation ou imputation d'un fait qui porte atteinte à l'honneur ou à la considération de la personne auquel le fait est imputé » (Loi du 29 juillet 1881).

Les Ecritures sont très sévères à l'égard de la calomnie : « Celui qui calomnie en secret son prochain, je le réduirai au silence », déclare l'Eternel (Psaume 101 v. 5). Nous lisons que celui qui est fidèle à Dieu « ne calomnie pas de sa langue, il ne fait pas de mal à son prochain » (Psaume 15 v. 3). Dans sa description de l'humanité dans les derniers temps, Paul mentionne les « calomniateurs » (2 Timothée 3 v. 3). Il ordonne d'ailleurs aux chrétiens « que toute amertume, animosité, clameur, calomnie, ainsi que toute méchanceté soient ôtées du milieu de vous » (Ephésiens 4 v. 31).

Dieu déteste la calomnie. Il réprouve le chrétien qui la pratique. Et pourtant, combien sommes-nous à transmettre des informations douteuses sur autrui. Les renseignements de deuxième et de troisième main deviennent dangereux pour l'esprit de celui qui a tendance à faire des commérages sur autrui. Combien de fois entendons-nous une personne nous dire sur un ton confidentiel : « Pour que vous puissiez prier à ce propos, je pense qu'il serait bon que vous sachiez que Jean ... » Et combien de fois avons-nous appris quelque chose à propos de quelqu'un et l'avons-nous cru sans savoir si c'était vrai ?

La calomnie, c'est littéralement la communication d'un mensonge à propos de quelqu'un d'autre. Même si les choses que nous disons sont vraies, elles peuvent nuire à la personne si nous les plaçons hors de leur contexte ou si nous ne mentionnons pas d'autres vérités en même temps. Nous pourrions dire par exemple : « Tu savais que Janine a quitté son mari pendant deux semaines ... ? » sans ajouter « pour aller soigner sa sœur qui était malade. » Ou nous pourrions dire : « On t'a dit que Jacques a refusé d'être responsable du catéchisme ? » sans expliquer que c'était parce qu'il allait être muté ailleurs dans les six prochains mois.

Il faut que nous veillions sur nos propos et nos pensées. Nous risquons même de calomnier sans le vouloir. « Qu'il ne sorte de votre bouche aucune parole malsaine, mais s'il y a lieu, quelque bonne parole qui serve à l'édification nécessaire et communique une grâce à ceux qui l'entendent » (Ephésiens 4 v. 29).

Tromperie

Tromper signifie « induire quelqu'un en erreur quant aux faits ou quant à ses intentions, en usant de mensonge, de dissimulation, de ruse » (Le Robert). David reflétait le point de vue divin sur la tromperie en disant : « Celui qui se livre à la fraude n'habitera pas au milieu de ma maison. Celui qui parle avec fausseté ne subsistera pas en ma présence » (Psaume 101 v. 7). Il déclarait par ailleurs que les paroles de la bouche du méchant « sont fraude et tromperie ; il renonce au discernement et au bien » (Psaume 36 v. 4).

Le Nouveau Testament nous dit : « Prenez garde que personne ne fasse de vous sa proie par la philosophie et par une vaine tromperie » (Colossiens 2 v. 8). « Rejetez donc toute méchanceté et toute fraude, l'hypocrisie, l'envie et toute médisance » (1 Pierre 2, v. 1). « Si, en effet, quelqu'un veut aimer la vie et voir des jours heureux, qu'il préserve sa langue du mal et ses lèvres des paroles trompeuses » (1 Pierre 3 v. 10).

Nous pratiquons la tromperie quand nous amenons quelqu'un à croire un mensonge, même si nous disons la vérité. Pour en revenir à ma Volkswagen 1962, j'aurais pu tromper mon acheteur en ne lui indiquant pas tous les défauts de ma voiture. J'aurais aussi pu lui mentir ouvertement pour le tromper, mais nous préférons généralement duper quelqu'un de façon plus subtile. Nous essayons de camoufler les problèmes de notre vie spirituelle et nos relations personnelles en laissant croire aux gens que tout va bien. Au travail, nous trompons notre employeur en ayant l'air occupé plutôt qu'en étant vraiment productifs, en remplissant des fiches horaires qui ne sont pas scrupuleusement honnêtes et en bâclant notre travail. En décrivant nos prouesses sportives passées, nos activités et nos promotions dans la vie professionnelle ou notre cercle de relations personnelles, nous sommes tentés de brosser un tableau de nous-même exagéré et faux. En fait, nous commençons même à nous tromper nous-mêmes, ce qui est particulièrement grave. Jérémie écrit : « Le cœur est tortueux par-dessus tout et il est incurable : qui peut le connaître ? (Jérémie 17 v. 9). L'apôtre Jacques déclare : « Si quelqu'un pense être religieux, sans tenir sa langue en bride, mais en trompant son cœur, la religion de cet homme est vaine » (Jacques 1 v. 26). Nous pouvons tromper notre propre cœur et croire nos propres mensonges.

Nous pouvons tromper autrui inconsciemment. Parfois nous ne savons pas que certaines informations que nous avons sont confidentielles et nous en disons trop. Mais nous devons plutôt nous préoccuper des tromperies calculées, fondées sur de mauvais motifs. Quand nous savons ce que nous faisons et que nous allons de l'avant tout en sachant que la Bible ou notre conscience nous convainc de tromperie, nous commettons un péché flagrant.

L'histoire d'Ananias et de Saphira (Actes 5 v. 11) présente l'un des exemples bibliques les plus frappants à propos d'une tentative de tromperie. Ce couple vendit une propriété et garda une partie de l'argent, faisant don du reste aux apôtres. Ils ne péchèrent pas en gardant une part pour eux-mêmes, mais en amenant les autres à croire qu'ils avaient tout donné. Dieu sanctionna cette tentative destinée à le tromper et fit aussitôt mourir les deux coupables.

Tricherie

La tricherie est une forme manifeste de malhonnêteté. Certains écoliers trichent en classe, des employés trichent sur les horaires de leur employeur, des contribuables s'abstiennent de déclarer tout leur revenu imposable.

La Bible aborde ce sujet, mais à cause de sa complexité, nous l'examinerons de façon plus détaillée dans les chapitres 6 et 8.

Silence

Très souvent, il est aussi malhonnête de rester silencieux que de dire un mensonge. Lorsque nous restons muets et que les gens se méprennent sur notre silence, nous n'avons pas agi comme il faut. Quand quelqu'un « sait faire le bien et ne le fait pas, il commet un péché » (Jacques 4 v. 17).

Ezéchiel a aussi exprimé le point de vue de l'Eternel sur ce principe : « Si la sentinelle voit venir l'épée et ne sonne pas du cor, si le peuple n'est pas averti, et que l'épée vienne enlever quelqu'un, celui-ci sera enlevé à cause de son injustice, mais je réclamerai son sang à la sentinelle » (Ezéchiel 33 v. 6). Il apparaît donc que celui qui avait aperçu l'ennemi et n'avait pas prévenu les gens allait en porter la responsabilité.

Bien des fois nous savons que nous devrions parler à quelqu'un ou l'avertir, mais nous restons muets, par crainte ou par désir d'éviter les conflits. Quand nous entendons des gens calomnier ou faire des commérages, vaut-il mieux se taire plutôt que dire la vérité, ou devrions-nous défendre la personne calomniée ? Au travail, prenons-nous clairement position pour la vérité ou « espérons »-nous simplement ne pas avoir à prendre part à la malhonnêteté ? Par notre silence, nous risquons de souscrire au péché et à la malhonnêteté.

Il faut que nous soyons courageux et que nous procla-

mions la vérité quoi qu'il en coûte. Pierre et Jean ont dit :
« Nous ne pouvons ne pas parler de ce que nous avons vu et
entendu » (Actes 4 v. 20).
Le silence peut être un péché.

L'intégrité

L'intégrité est un autre aspect de l'honnêteté. C'est l'obser-
vance scrupuleuse des règles morales, qui caractérise une
personne dont la vie reflète celle de Jésus-Christ. Elle
manifeste la personne intérieure, les véritables motifs de nos
actes. Selon Salomon, « le juste marche dans son integrité ;
heureux ses fils après lui ! » (Proverbes 20 v. 7) et « mieux
vaut le pauvre qui marche dans son intégrité, que l'homme
aux lèvres perverses et qui est un insensé » (Proverbes 19
v. 1).

Le psalmiste écrivait que David, en tant que chef d'Israël,
« les a fait paître avec un cœur intègre » (Psaume 78 v. 72).

L'intégrité inclut tout ce que nous sommes et faisons :
paroles, motifs et actes. Le chrétien mûr marche dans
l'intégrité aussi bien intérieure qu'extérieure.

Bien entendu, il ne suffit pas de ne pas voler d'argent ou
de ne pas raconter de grossiers mensonges pour être honnête.
L'honnêteté implique nos motifs les plus profonds et tous les
aspects de notre vie privée et publique. Elle inclut la vérité
dans tous les sens du terme et l'intégrité de notre être
intérieur. L'honnêteté exige que nous renoncions au mensonge, à la tromperie, à la calomnie et à la fraude, parfois
même au silence.

Néanmoins, il ne s'agit pas seulement de définir et de
décrire l'honnêteté, mais aussi de la pratiquer. Comment
pouvons-nous appliquer cette connaissance à la vie quotidienne sans devenir des légalistes paranoïaques qui sont
cloués sur place de crainte d'être malhonnêtes ? Les chapitres
qui suivent examinent l'honnêteté dans différents domaines de
notre vie.

5

LE PROBLÈME DE LA PRESSION DU GROUPE

A l'université, il se laissa pousser la barbe, porta des jeans et des T-shirts sales et prit de la drogue. Une fois diplômé, il acheta un beau costume neuf et devint un jeune cadre dynamique. Il se maria, eut deux enfants, fit partie des clubs en vogue, acheta une maison en banlieue et vendit son âme à sa compagnie.

Puis sa femme le quitta. Il divorça, devint un playboy, puis se remaria. Il eut de l'avancement, frauda le fisc, trafiqua ses notes de frais et trompa sa femme.

Non qu'il fît ces choses parce qu'il en avait vraiment envie ou qu'il y était obligé. En fait, il faisait « comme tout le monde ».

Tout le monde agissait ainsi. Personne n'y trouvait à redire.

Oui, c'était un homme qui avait réussi ... et qui était très très malheureux. Sa vie était devenue une mascarade. C'est tout juste s'il savait qui il était véritablement. A dire vrai, il était un peu de tout. Bien que revendiquant une indépendance farouche, il ne faisait jamais rien qui pût lui faire perdre l'estime de ses semblables.

En reprenant le mot d'Emile Henry Gauvreau, un éditeur de journaux américain, on pourrait le décrire comme faisant partie de « cette étrange race de gens qu'on voit consacrer leur vie à faire des choses qu'ils détestent, pour gagner de l'argent qui ne les intéresse pas, afin d'acheter des choses dont ils n'ont pas besoin, pour impressionner des gens qu'ils n'aiment pas ».

L'influence de nos semblables est une force puissante qui n'épargne personne. Seule la puissance de Dieu et l'instinct de survie physique sont capables d'en triompher. Notre esprit rationnel peut être réduit à l'impuissance face à cette pression. Même l'individualiste le plus forcené se conforme d'une façon ou d'une autre au style de vie des autres. Cette influence est plus forte que ce que la plupart d'entre nous veulent admettre. Nous nous prétendons tous indépendants et nous avons des goûts personnels, mais en réalité, dans la plupart des domaines de notre vie, nous nous conformons à notre entourage.

La pression que nous subissons de la part des autres est l'une des plus grandes barrières qui nous empêchent de prendre les décisions éthiques convenables. Toute notre étude sur l'honnêteté et la conscience s'estompera bien vite dans le vague à moins que nous ne sachions comment résister à cette pression. Il nous faut en comprendre aussi bien la source que les moyens d'en triompher.

Toute pression venant d'autrui n'est pas mauvaise. Elle nous empêche parfois de commettre un péché. L'un des concepts essentiels de la communion fraternelle est notre influence positive les uns sur les autres. Cette pression de nos pairs peut freiner notre inclination vers le mal et nous encourager dans notre engagement pour le bien.

La plupart des pressions que nous subissons viennent de nos pairs, nos collègues de travail, nos voisins ou nos camarades de classe. La notion de « pair » se réfère à quelqu'un qui se trouve en position d'être notre « égal ». Mais il existe aussi les pressions de nos supérieurs hiérarchiques – patrons, enseignants, responsables syndicaux – et de la société en général. Ce chapitre abordera tous ces domaines.

NOTRE ENVIRONNEMENT MORAL - PRESSION ILLIMITÉE

Pour comprendre l'intensité de la pression exercée par ceux qui nous entourent, il faut que nous comprenions l'environnement moral que constituent ces personnes. Les chrétiens ont toujours vécu dans des sociétés non-chrétiennes et ont toujours été incités à se conformer aux normes de leur société. Et en toute époque, les chrétiens semblent ressentir que leur génération est plus immorale que la précédente. Tout au long de l'Histoire, certains ont prétendu que leur société était au bord du chaos moral. En outre chaque génération est confrontée à de nouvelles questions morales. En lisant de vieux livres et magazines, nous sourions de ce qu'on considérait jadis comme un péché. Mais si nous examinons sérieusement l'évolution des mœurs au cours des dernières décennies, nous distinguons clairement une période de dégénérescence.

En éthique et en morale, le grand public et l'église avaient autrefois des opinions identiques. Des pratiques telles que l'immoralité sexuelle, l'escroquerie et le mensonge étaient réprouvées de part et d'autre. Mais peu à peu, les vues éthiques du public se sont libéralisées de façon croissante. Les philosophies de liberté absolue et de rébellion ont été adoptées par un nombre croissant de gens. Au sein du gouvernement, la séparation entre l'église et l'état fut accentuée. Dans l'art, l'obscénité a pris une place prédominante. La pornographie est devenue une industrie prospère. L'alcoolisme et la toxicomanie font des ravages chez les jeunes comme chez les adultes.

Pendant tout ce temps, les chrétiens ont déploré cette évolution, puis finalement eux aussi s'y sont conformés. Autrefois, les chrétiens n'allaient jamais au cinéma : puis ils sont allés voir certains films valables. Actuellement, la plupart d'entre eux n'ont aucun scrupule à voir des films « classés X » pour « voir ce qui se passe dans le monde ». Il y a quelques années, quand les jupes ont été raccourcies jusqu'au-dessus du genou, la plupart des chrétiennes n'ont pas suivi le mouvement, au début du moins, jusqu'à ce que l'industrie du prêt-à-porter les oblige elles aussi à porter des mini-jupes ; bien entendu, elles ne sont pas allées aussi loin que certaines de leurs contemporaines.

Les chrétiens ont aussi changé d'avis sur des questions plus graves encore. Actuellement, nous assistons à une plage très large d'opinions soutenues par des chrétiens sur toutes sortes de questions morales comme l'adultère, la pornographie et l'homosexualité.

Il est évident que dans une perspective historique, la société a imposé des changements fondamentaux dans presque tous les domaines de la pensée et de la conduite chrétiennes. Tous n'ont pas été néfastes : certains préceptes de jadis étaient légalistes, voire ridicules. Néanmoins, à côté de quelques normes archaïques, il y avait beaucoup de normes bibliques.

Notre environnement actuel se caractérise par une morale relâchée et une instabilité éthique. Bien que la plupart des enseignants se proclament neutres au plan de la religion, ils sont essentiellements anti-religieux et ceci est dû à la forte influence de la philosophie humaniste dans les universités ou les écoles où ils sont formés. Nos lois, qui insistent sur la liberté individuelle, ont été incapables d'encourager une conduite morale. La « révolution sexuelle » est une réalité bien enracinée dans la vie des adolescents. Le déclin de l'influence et de la formation religieuse a ébranlé les fondements moraux de la société. Et si l'ensemble de la communauté chrétienne est assaillie par les incroyables pressions de la société. Imaginons l'effet produit sur certains individus chrétiens qui habituellement se conforment à de nouvelles normes ayant plusieurs longueurs d'avance sur l'église dans son ensemble.

L'évolution de la structure morale et éthique de notre société s'est beaucoup accélérée au cours des dernières décennies. Les deux raisons fondamentales en sont les progrès du bien-être matériel et l'influence accrue de la télévision.

A mesure que notre situation matérielle s'améliore, le dur labeur et le désir de survie cèdent la place au plaisir personnel et à la volupté, terrain plus fertile aux normes morales moins strictes. Mais c'est indubitablement la télévision qui a le plus changé notre mentalité. Durant ces dernières années, elle a exercé autant, sinon davantage d'influence sur l'éducation des jeunes que les écoles. Et tandis que les écoles ont consciemment renoncé à enseigner des valeurs morales, les programmes télévisés reflètent l'acceptation généralisée d'une nouvelle idéologie morale qui reflète des normes de moins en moins exigeantes. Parmi les émissions les plus populaires, nombreuses sont celles qui décrivent des crises familiales, des divorces, l'adultère et les déviations sexuelles, souvent sous la forme d'une très habile comédie légère. Elles sont certes amusantes, mais la première étape vers un changement des valeurs morales se situe au moment où nous acceptons ces valeurs par le rire dans une situation fictive.

Bien des étudiants passent plus de temps à regarder la télévision qu'à l'université. On a estimé qu'un bachelier a passé près de 15 000 heures devant la télévision (contre 10 800 heures au lycée), et qu'un Américain moyen passe environ 20 heures par semaine devant son poste. Il semble que la télévision ait plus d'influence sur certains enfants que leurs parents.

Sous l'incroyable pression de ces images, présentant souvent des choses qui sont directement contraires aux enseignements de la Bible, nous ne tardons pas à adopter les normes de la société. Ce lavage de cerveau est très efficace. Mais les normes de la société ne peuvent être des normes pour les chrétiens. Nous devons réaliser que la société pèse ainsi sur nous pour que nous réduisions nos exigences éthiques et morales. Ces normes affaiblies sont particulièrement prônées par les jeunes adultes et les adolescents qui sont toujours à l'avant-garde du changement. Tandis que les fondements moraux s'érodent peu à peu, il nous faut apprendre à résister à la conformité, sinon nous ne reflèterons plus les principes bibliques d'honnêteté et d'éthique.

Les pressions du groupe que nous affrontons, sont étroitement liées au déclin des normes sociales. Pour savoir comment vivre dans la société et survivre en restant moralement indemnes, il faut que nous comprenions les sources de ces pressions et apprenions comment y résister et agir à l'encontre de la poussée incessante vers le conformisme.

QU'EST-CE QUE LE CONFORMISME ?

Martin s'engagea dans le parking à proximité de son bureau. Il avait un quart d'heure d'avance : il faut dire que c'était son premier jour dans ce nouvel emploi. Le bureau était presque désert. La plupart des employés arrivaient à peu près dix minutes en retard, et le patron 20 minutes en retard. Je suppose qu'ici, personne n'a besoin d'arriver à l'heure, pensa Martin. Demain, je me payerai quelques minutes de sommeil de plus. Durant la journée, il remarqua que la plupart de ses collègues portaient des vêtements de sport, et non point un costume bleu impeccable comme lui. Il se dit qu'il allait s'habiller plus décontracté à l'avenir. Tandis qu'il suivait les conversations autour de lui, il constata qu'un certain chef de service était particulièrement mal vu. Il eut à peine le temps de s'en rendre compte, qu'il éprouva également du ressentiment à son égard, bien que ne l'ayant jamais rencontré.

En l'espace de quelques semaines, Martin s'était « adapté » sans grand effort, si bien qu'il ne tarda pas à être une copie conforme – ou presque – de ses collègues de bureau. Nous aussi, nous nous conformons sans peine, presque sans nous en rendre compte. Nous voulons être reconnus et nous avons peur d'être trop différents. Se conformer, c'est imiter autrui, volontairement ou involontairement. Or les Ecritures nous disent : « Ne vous conformez pas au monde présent, mais soyez transformés par le renouvellement de l'intelligence » (Romains 12 v. 2). Ou bien, selon la paraphrase d'Alfred Kuen : « Ne vous coulez pas simplement dans le moule de tout le monde. Ne conformez pas votre vie aux principes qui régissent le siècle présent ; ne copiez pas les modes et habitudes du jour. Laissez-vous plutôt entièrement transformer par le renouvellement de votre mentalité. »

La mise en garde de la Bible contre la conformité au monde concerne l'imitation extérieure ou des pratiques qui ne sont pas compatibles avec la vie spirituelle d'un chrétien. Se conformer au monde, c'est agir, penser et parler comme les gens de notre entourage. Pour mesurer tout l'impact de cette pensée, il nous faut comprendre que le « monde » auquel la Bible fait allusion est anti-Dieu et anti-chrétien.

Pierre nous recommande : « Comme des enfants obéissants, ne vous conformez pas aux désirs que vous aviez autrefois, dans votre ignorance » (1 Pierre 1 v. 14). Il nous donne ce conseil dans un passage consacré à la vie sainte. Le conformisme aux normes morales du monde s'oppose directement à la sainteté. Notez bien que ces deux affirmations (Romains 12 v. 2 et I Pierre 1 v. 14) sont des commandements à suivre et non simplement des suggestions. Etre différent du monde, c'est un ordre !

Un certain conformisme est positif. Les Ecritures nous recommandent de nous conformer à Christ (Romains 8 v. 29 ; Philippiens 3 v. 10), ce qui reflète une transformation intérieure qui a des effets visibles. Par contre, le mot grec utilisé dans Romains 12 v. 2 et I Pierre 1 v. 14 concernant la conformité au monde, signifie une mascarade qui nous donne un aspect extérieur s'opposant à notre être intérieur. En tant que Seigneur et Sauveur de notre vie, Jésus-Christ devrait toucher tous les aspects de notre vie extérieure. Si Christ est présent en nous, notre conformité au monde est une mascarade stupide nous conduisant à des tensions et des troubles intérieurs.

Différents types de conformisme

Nous devons lutter contre le conformisme dans les nombreux domaines de notre vie. Voici quelques-uns des plus importants :

Notre esprit. Le premier champ de bataille du conformisme est notre esprit. Nous ne pouvons parler ou agir sans l'intervention de notre esprit. C'est là que commence la conformité au monde extérieur.

Le processus mental du conformisme commence par le désir d'être semblable à quelqu'un, d'acquérir une position ou des biens matériels. Notre esprit caresse cette idée jusqu'à ce que les envies naissent et deviennent des objectifs. Puis nous nous mettons à parler ou à agir de façon à atteindre ces objectifs, et bientôt tout notre esprit et nos actes tendent vers ce but.

Ainsi, si quelqu'un veut s'intégrer à un certain groupe, il se met à enregistrer les tournures de phrases et les actes qui caractérisent ce groupe. Puis il agit et parle sur ce modèle quand il se trouve dans ce groupe. Si on y blasphème, si on y raconte des blagues osées, il répète ces choses dans sa tête, puis les pratique pour être accepté.

Il faut bien comprendre la différence entre avoir les « pensées » du monde et avoir « le mode de pensée » du monde. Une pensée peut être isolée et fortuite. Le mode de pensée est un processus, un schéma. Cela arrive à tout le monde d'avoir des pensées impures ou d'agir sans sagesse. C'est dangereux quand cela nous arrive tout le temps et nous amène mentalement aux conclusions du monde au lieu de la repentance et de la confession de notre péché. Vouloir de beaux meubles ou une nouvelle voiture est une chose. En avoir une envie matérialiste en est une autre. De même, commettre un acte d'orgueil est très différent de laisser des motifs égoïstes diriger notre vie.

Les phénomènes isolés de conformismes dans notre vie sont relativement faciles à détecter. Par contre, l'adoption graduelle des modes de pensée du monde est subtile, insidieuse et dangereuse. Aussi devons-nous bien examiner les philosophies et les opinions d'éducateurs, hommes politiques, artistes, théologiens non-chrétiens et d'autres personnes influentes à la lumière des Écritures. La télévision et le système d'éducation scolaire – de l'école primaire à l'université – sont des outils critiques de formation d'esprit capables, soit d'édifier, soit de déformer l'esprit de nos jeunes. Le conformisme à une société totalement sécularisée sape le fondement réel de l'enseignement et du comportement chrétien. « Ayez en vous la pensée qui était en Christ-Jésus », déclarait Paul aux Philippiens. « Que tout ce qui est vrai, tout ce qui est honorable, tout ce qui est juste, tout ce qui est pur, tout ce qui est aimable, tout ce qui mérite l'approbation, ce qui est vertueux et digne de louange, soit l'objet de vos *pensées* » (Philippiens 2 v. 5 ; 4 v. 8).

Nos paroles. Écoutez-vous parler quand vous êtes parmi des non-chrétiens. Constatez-vous des différences dans ce que vous dites et dans la façon dont vous le dites, par rapport à vos paroles dans un milieu chrétien ? A votre grand étonnement, un juron peut même vous échapper, ainsi que d'autres mots cruels ou grossiers, le sarcasme ou la critique.

Selon notre entourage, notre forte envie de nous « intégrer » nous amène à parler comme un dur, un intellectuel, une personne frivole, grossière ou bien informée. Cette même disparité entre ce que nous sommes vraiment et notre façon de parler se rencontre jusque dans les cercles chrétiens, où nos propos sont parfois spirituels, aimables ou bibliques alors qu'ils ne reflètent pas du tout notre état intérieur.

Il ne faut pas confondre conformisme avec tact ou politesse. On ne nous demande pas de heurter autrui par nos paroles dans le seul but de pouvoir être « nous-mêmes ». La courtoisie et le tact sont de mise, mais il ne faut pas que nous devenions des moutons de Panurge.

Nous ne pouvons pas nouer des relations amicales profondes si notre conversation ne contient que des propos cinglants, des blagues sur le compte d'autrui, et des répliques acerbes. La Bible nous ordonne : « Qu'il ne sorte de votre bouche aucune parole malsaine, mais s'il y a lieu, quelque bonne parole qui serve à l'édification nécessaire et communique une grâce à ceux qui l'entendent » (Ephésiens 4 v. 29).

Nos actes. Nos paroles et nos actes constituent l'aspect le plus manifeste de notre vie, et ce sont nos actes qui parlent le plus fort.

Là aussi, essayez d'observer comment vous vous conduisez au sein de différents groupes : les chrétiens de votre église, vos collègues de travail, et d'autres. Quelles différences constatez-vous ? Réagissez-vous chaque fois comme un caméléon ? Etes-vous capable de garder votre personnalité intacte, où que vous soyez ?

Regardez comme un adolescent se comporte à la maison, en classe et avec ses amis : on dirait qu'il a trois personnalités différentes ! Les adultes ont aussi tendance à se comporter ainsi, mais ils savent mieux le camoufler !

Vos actes sont-ils conformes à vos convictions ? Ou est-ce le groupe que vous fréquentez qui détermine vos réactions ou votre comportement ?

Notre style de vie. Le besoin « d'être aussi bien que les voisins » est devenu le style de vie des Américains. Ce que mon voisin a, je le veux aussi. Si nous en avons les moyens, nous l'achetons. Une augmentation exige une nouvelle voiture, une maison plus grande, un bateau ou des vacances. La mobilité au sein de l'entreprise est encouragée : il faut grimper l'échelle socio-économique. Même les chrétiens adoptent ces habitudes de vie. Pour beaucoup, la bénédiction de Dieu est équivalente à des gains matériels, et nous nous fixons ce but.

Le style de vie se fonde sur différentes philosophies de vie. A quel niveau de vie devons nous nous situer ? Cherchons-nous vraiment la volonté de Dieu dans ce domaine, ou nous conformons-nous tout simplement aux limites de nos capacités financières ? Y a-t-il quoi que ce soit dans notre style de vie qui nous caractérise en tant que chrétiens ? Il ne s'agit pas forcément de faire un vœu de pauvreté, mais plutôt de nous demander ce qui nous distingue des « païens ».

Quand viendra votre prochain avancement, considérez soigneusement les implications et les raisons qui vous motivent. Ne laissez pas simplement le conformisme déterminer votre style de vie.

Sources de la pression du conformisme

Bien des facteurs nous amènent à nous conformer au monde. Trois d'entre eux exercent, en particulier, une influence majeure.

Nos amis. Nous avons tous des amis ou des connaissances qui exercent une grande influence sur notre mode de pensée. Leurs idées et leurs suggestions ont une action déterminante sur nous et excluent parfois les nôtres. « Mais Richard a dit ... » lève les dernières hésitations si l'opinion de Richard est déterminante pour nous. Il faut que nous sachions clairement qui sont ces personnes, et que nous soyons certains de leur influence positive. Choisissons avec soin nos amis intimes ; soyons aussi conscients et prudents à propos de l'influence que nous exerçons sur autrui.

Les groupes. Plusieurs groupes distincts influent sur notre vie : l'église que nous fréquentons, nos collègues de travail, des clubs, des amis, des voisins, des partenaires sportifs, etc. Chaque groupe voudrait que nous agissions et que nous pensions d'une certaine façon. La dynamique du groupe peut entraîner une personne à faire des choses qu'elle ne penserait jamais à faire toute seule.

Plus on est nombreux, moins il y a de danger, nous disons-nous, ou bien : si tout le monde le fait, c'est parce que c'est normal.

Il faut que nous résistions à l'influence de groupes avec lesquels nous ne pouvons pas être moralement et éthiquement en accord, pour éviter de nous précipiter vers des décisions, sous la pression du groupe.

Le travail. La pression de la direction et la nécessité de l'efficacité peuvent amener certains à oser des actes, des propos et des pensées qu'ils n'auraient jamais cru possibles. Il n'y a plus aucune éthique, les principes sont bafoués, des paroles mordantes sont prononcées, et la pression est transmise aux inférieurs hiérarchiques. C'est ainsi que nous nous conformons à la tactique des gens que nous avons le moins envie d'imiter.

Comment résister aux pressions d'autrui

En dépit de l'ampleur des pressions que nous affrontons de la part des autres, il existe des moyens pratiques pour les maîtriser.

Etre honnête. Tous nous sommes affectés par ces pressions, au-delà de ce que nous sommes prêts à reconnaître. Soyons donc honnêtes et reconnaissons que nous sommes enclins à y succomber. Avouons-le d'abord à nous-mêmes, puis à Dieu, et si possible à nos proches. C'est un signe de maturité que de reconnaître que nous parlons ou agissons différemment dans certaines situations ou que nous sommes particulièrement vulnérables à la publicité.

Vérifier ses amarres spirituelles. Examinez l'état de votre vie spirituelle. Y a-t-il un péché dont vous ne voulez pas vous séparer ? Lisez-vous et étudiez-vous régulièrement la Bible ? Priez-vous à propos des situations que vous rencontrez ?

Obéissez-vous à Dieu dans ce qu'il vous demande ? Vous acquittez-vous de vos responsabilités bibliques dans votre famille ?

S'il existe un besoin majeur dans l'un de ces domaines, abordez-le d'abord. Vous serez ensuite plus à même de traiter le problème de la pression du groupe qui s'exerce sur vous.

Acquérir des convictions personnelles. Avez-vous acquis des convictions personnelles dans les domaines concernant votre style de vie, votre langage ou votre vie imaginaire ? Les convictions forment un fondement permettant de résister aux pressions du conformisme au niveau des paroles et des actes.

Reconnaître les sources de pression. Si vous subissez des pressions, cherchez d'où elles viennent : d'un ami, d'un groupe, d'un patron ? Une fois que vous en connaissez la source, vous saurez si elles vous sont néfastes et ce que vous pouvez faire à ce propos.

Ne pas céder. Résistez aux changements brutaux de vos actes et de vos paroles. Décidez à l'avance d'adopter une position personnelle sur les points-clefs, ceux pour lesquels le péché vous tente facilement.

Parler franchement. N'ayez pas peur de faire connaître vos convictions personnelles. Sur le plan de l'honnêteté et de la morale, suggérez une voie juste contribuant au bien d'autrui. Ne perdez pas votre temps à faire changer d'avis les non-chrétiens sur des points tels que la cigarette, la boisson et les jurons ; mais défiez-les sur des points plus importants concernant des décisions d'honnêteté et d'éthique.

Etre conséquent. Si vous faites connaître vos convictions, vous êtes obligé de mener une vie compatible avec elles. Evitez d'hésiter sur les choix. Agissez selon vos convictions, sans être entêté ou déraisonnable. Les gens vous surveilleront de près pour voir comment vous résistez au conformisme.

Influencer autrui. Apprenez à influencer les autres, plutôt que de vous laisser influencer par eux. Que vous soyez, de part votre nature, un meneur d'hommes ou non, vos décisions peuvent avoir un grand impact sur la vie de votre entourage. Il se peut que certains attendent que vous teniez tête à la foule pour avoir eux-mêmes suffisamment de courage pour également résister au conformisme.

Accomplir un repli stratégique. Si tout le reste échoue dans votre combat contre le conformisme, effectuez un repli stratégique. C'est l'une des meilleures manœuvres militaires devant un ennemi supérieur en nombre. Quand vous savez que vous ne pouvez pas résister ou influencer autrui, il faut que vous évitiez la situation. « N'entre pas dans le sentier des méchants et ne t'avance pas dans la voie des hommes mauvais. Evite-la, n'y passe pas ; détourne-t'en et passe outre » (Proverbes 4 v. 14-15).

6

L'HONNÊTETÉ
ET L'ÉTHIQUE DANS
LE MONDE DU TRAVAIL
ET DES AFFAIRES

Le constructeur aéronautique Douglas était en concurrence avec Boeing pour la vente de ses premiers longs-courriers à la compagnie Eastern Airlines. Eddie Rickenbacker, le président de Eastern Airlines, annonça à Donald Douglas que les spécifications et prétentions de la société Douglas pour le DC-8 étaient proches de celles de Boeing sur tous les points à l'exception de la réduction du bruit. Rickenbacker donna à Douglas une dernière chance de l'emporter sur Boeing sur ce point particulier.

Après avoir consulté ses ingénieurs, Douglas lui déclara qu'il ne pensait pas pouvoir faire cette promesse. Rickenbacker répondit : « Je savais bien que vous ne le pourriez pas. Je voulais simplement voir si vous étiez encore honnête. Vous venez de décrocher une commande de 135 millions de dollars. Rentrez chez vous et réduisez-moi le niveau sonore de ces avions ! »

L'honnêteté paye !

Il se peut que les enjeux de notre vie et de notre travail n'atteignent pas ce chiffre, mais qui ne s'attend pas à tirer profit de sa malhonnêteté ? Pour quelle autre raison prendrions-nous ce risque ? Il faut que le bénéfice de la malhonnêteté soit suffisamment substantiel pour que nous transgressions des normes et des lois bien établies. Il se peut que ce soit notre carrière, notre réputation, le désir d'éviter un conflit, un embarras, ou simplement un besoin d'argent. Qu'est ce qu'il faudrait pour vous rendre malhonnête ?

On raconte l'histoire d'un homme à qui on demandait s'il

accepterait de mentir à propos de quelque chose. Il répondit fermement : « Non ! »
- Et si je vous donnais 100 francs ?
- Absolument pas !
- Et pour 500 francs ?
- Certainement pas !
- 1 000 francs ?
- Non ! persista-t-il.
- 10 000 francs ?
- Euh ... peut-être ...

Tout le monde a son prix. Cherchez son point faible et il mentira, trichera ou volera, si le prix, ou la pression, est suffisamment fort.

La plupart du temps, la tentation est plutôt subtile qu'évidente. La tentation d'enfreindre l'honnêteté ou l'éthique s'insinue en douceur dans notre vie. Elle nous surprend parce qu'elle vient d'une source totalement inattendue, comme un ami ou un collègue très estimé. Elle arrive sous couvert de l'urgence ou d'une pratique courante. Elle nous attaque rarement de front, mais se développe généralement à travers une série de petits compromis. Elle peut se déguiser en un devoir ou geste de loyauté.

Dans les affaires, au travail, les normes de nos collègues tendent à devenir les nôtres. Nous participons à tant de discussions sur les « pratiques courantes » que nous commençons à y croire, même si nous savons qu'elles peuvent être remises en question. Pourquoi faire des manières sur des « bagatelles » qui n'ont aucune importance ? Après tout, cela passera sur le compte des profits et pertes de l'entreprise !
- Pouvons-nous être totalement honnêtes au travail ?
- Un homme d'affaires peut-il vraiment réussir en étant honnête ?
- Est-ce tromper notre employeur que perdre notre temps au travail ?
- Jusqu'à quel point un chrétien devrait-il participer aux luttes d'influence et aux politiques de son entreprise ?
- Les règlements d'entreprise ont-ils force de loi ?
- Devons-nous obéir à notre employeur si ce qu'il demande de nous n'est pas juste ?
- Comment pouvons-nous affronter la malhonnêteté de l'entreprise ou de nos collègues ? Est-ce bien raisonnable ?

– Heureusement que nous avons des directives pour savoir ce qu'il faut faire dans ces différentes situations : le point de vue de Dieu.

LES CINQ COMMANDEMENTS DE L'ÉTHIQUE D'ENTREPRISE

L'éthique est un mot qui signifie ce que vous voulez lui faire signifier. La plupart des hommes politiques et des hommes d'affaires vous diront qu'ils agissent dans l'éthique. De toute façon, une définition précise du mot ne nous aiderait pas à agir toujours selon notre éthique. Elle nous permettrait seulement de définir ce qui est bien et mal fondé sur une série de « normes éthiques ». La plupart des professions ont des codes moraux écrits ou tacites, qui ne sont pas nécessairement liés au bien et au mal, mais fixent simplement des pratiques et des conduites admises.

Nous ne pouvons pas nous fonder sur les normes éthiques du monde pour notre vie personnelle. Il nous faut une base de convictions plus solide pour notre conduite. Cette base peut se trouver dans la Bible, la conscience et la direction particulière que Dieu donne à la vie d'une personne.

Mais savoir ce que dit la Bible et ce que veut Dieu ne suffit pas. Il faut aussi le faire ! La connaissance ne peut remplacer l'action « Si quelqu'un sait faire le bien et ne le fait pas, il commet un péché » (Jacques 4 v. 17). Pour le gouvernement, l'éthique est la *loi*. Pour le philosophe, c'est un *concept*. Pour la religion, c'est la *morale*. Mais pour Dieu, c'est l'*obéissance*.

Il faut rappeler que toute décision éthique est, en fin de compte, une décision de la volonté. Il faut que nous sachions ce qui est juste et que nous agissions en conséquence. Savoir ce que dit la Bible est la première étape de l'obéissance.

Le poids juste.

L'Eternel ordonna à Israël : « Tu n'auras pas dans ton sac deux sortes de poids, un gros et un petit. Tu n'auras pas dans ta maison deux sortes d'épha, un grand et un petit. Tu auras un poids exact et juste, tu auras un épha exact et juste, afin que tes jours se prolongent dans le territoire que l'Eternel, ton Dieu, te donne » (Deutéronome 25 v. 13-15).

Ce concept du poids juste se retrouve de nombreuses fois dans l'Ancien Testament. Le poids correct d'un produit est déterminé sur une balance en plaçant des poids sur l'autre plateau de cette balance. On trichait en utilisant des poids de dimension similaire, mais n'ayant pas le même poids. On pouvait ainsi vendre quelques grammes de moins pour le prix convenu. Une pratique similaire à notre époque consiste à exercer une légère pression du doigt sur la balance pour la faire pencher du bon côté.

Le principe applicable est de donner la quantité qu'il faut pour un juste prix. C'est aussi donner la qualité convenable pour le prix payé et conformément à la publicité faite. L'honnêteté englobe quantité et qualité. Elle exige que le chrétien ne vende pas « ce que le marché accepte ou même « ce qu'il exige », si le produit ou le service est contestable. L'homme d'affaires chrétien doit assumer la responsabilité de la qualité de son produit et fixer un prix juste. Proposer un produit de qualité inférieure comme étant l'équivalent d'un produit de bonne qualité reconnue, constitue un « poids injuste ».

Dans la culture américaine, la publicité mensongère est devenue monnaie courante. On ne peut que regretter que certains chrétiens aient été influencés par cette pratique et la suivent pour rester compétitifs. Il vaudrait mieux qu'ils risquent de perdre des clients pour garder la conscience tranquille. Bien que la réputation, fondée sur l'honnêteté et une réelle qualité, avantage toujours une entreprise, il faut du temps pour l'acquérir.

Considérez la question du juste poids d'un autre point de vue : quelle est la responsabilité d'un employeur ? L'employeur chrétien est tenu par les Ecritures de fournir un travail irréprochable pour le salaire qu'on lui verse. Il faut aussi qu'il fasse son travail selon les instructions qu'on lui donne, pour fabriquer un produit acceptable.

Un chrétien peut-il, en toute bonne conscience, participer à une « grève perlée » ou diminuer volontairement la qualité de son ouvrage ? La réponse biblique est « non ». Il faut que nous fassions de notre mieux et que nous obéissions à notre employeur. Paul recommande : « Tout ce que vous faites, faites-le de toute votre âme, comme pour le Seigneur, et non pour des hommes» (Colossiens 3 v. 23). Il voulait que les esclaves s'acquittent de leurs tâches «non seulement sous leurs yeux, comme pour plaire aux hommes, mais comme des serviteurs de Christ, qui font de toute leur âme la volonté de Dieu. Servez-les de bon gré comme si vous serviez le Seigneur et non les hommes» (Ephésiens 6 v. 6-7).

Il peut arriver que l'employeur soit injuste ou malhonnête. Dans ces cas-là, il y a des moyens juridiques pour exprimer son désaccord et modifier la situation.

L'honnêteté absolue

Pouvons-nous être totalement honnête sans nous inquiéter démesurément de la véracité absolue de chaque point mineur ? Qu'entendons-nous par honnêteté absolue ?

Jacques déclare : «Nous bronchons tous de plusieurs manières. Si quelqu'un ne bronche pas en paroles, c'est un homme parfait, capable de tenir tout son corps en bride» (Jacques 3 v. 2). Cette affirmation exprime deux pensées particulièrement intéressantes. Tout d'abord, nous ne pouvons pas nous empêcher de pécher avec la langue. Même quand nous voulons dire la vérité, il nous arrive souvent de trébucher et de proférer une demi-vérité, voire un mensonge. Alors notre orgueil constitue une pierre d'achoppement et le mensonge n'est pas corrigé. La seconde pensée, est que si nous surveillons et contrôlons notre langue, nous pouvons contrôler tout notre corps ! Considérez la portée de cette affirmation ! Combien cela devrait nous motiver à nous en rendre maîtres !

Cette déclaration de Jacques nous assure que la maîtrise de la langue permet aussi la maîtrise de nos pensées, nos motifs et nos actes.

Il faut que nous disions la vérité à tout le monde, pour autant que nous la connaissions. Paul recommande : «Recherchez ce qui est bien devant tous les hommes» (Romains 12 v. 17). Ou bien, selon la paraphrase du « Livre » (Editions Farel) : « Agissez de telle sorte que toute le monde puisse voir que vous êtes honnêtes. »

L'apôtre conseilla aux Ephésiens de renoncer à toute fausseté «et que chacun de vous parle avec vérité à son prochain ; car nous sommes membres les uns des autres» (Ephésiens 4 v. 25). Et qui est notre prochain ? Jésus répondit à cette question par la parabole du bon Samaritain, montrant que nous devons être bienveillants à l'égard de tout le monde. Nous devons aussi la vérité à tout le monde. Malgré nos échecs répétés, nos intentions doivent être totalement honnêtes vis-à-vis de notre employeur, nos collègues, nos employés et nos clients. Tout employé doit être scrupuleux à l'égard de son employeur dans l'utilisation de son temps, en faisant un rapport sur ce qui a été fait (ou ne l'a pas été), en se déclarant capable d'accomplir une certaine tâche, en prévoyant ce qui sera effectué, en déclarant ses frais professionnels et dans bien d'autres domaines.

De même, l'employeur doit être totalement honnête vis-à-vis de ses employés ou subordonnés. La loi lévitique déclare : « Vous ne commettrez pas de vol, et vous n'userez ni de tromperie ni de fausseté chacun envers son compatriote ... Tu n'opprimeras pas ton prochain et tu ne déroberas pas. Tu ne retiendras pas chez toi la paye d'un salarié jusqu'au lendemain » (Lévitique 19 v. 11, 13). Retenir un salaire, tromper un employé sur la paye ou les possibilités d'emploi, ou de toute autre façon, c'est agir en fausseté. L'employeur a l'autorité et la liberté de faire ce qui est juste. L'une des caractéristiques essentielles de l'homme d'affaires chrétien est l'honnêteté absolue.

Etre honnête avec les clients est une bonne politique. Mais qu'en est-il de l'honnêteté absolue, surtout quand le client ne peut pas connaître la valeur ou la qualité réelle d'un produit ? Faut-il lui fournir des informations ? D'après la Bible, oui, même si la vente pouvait vous échapper.

J'ai récemment rencontré un vendeur qui refusait de me vendre un certain produit parce qu'il était convaincu que celui-ci n'allait pas répondre à mes besoins. Je ne connaissais pas les qualités ou les défauts de ce produit, mais je sentais que le vendeur se souciait de moi et pas simplement de la vente. Le chrétien doit être honnête avec tous ses clients. Ceci nous oblige bien entendu à évaluer la qualité et le prix de notre produit. Il n'y a rien de mal à produire ou à commercialiser des articles de qualité inférieure, mais faire de la publicité et les vendre comme s'ils étaient de meilleure qualité, est trompeur.

La loi du service

Les chrétiens doivent être serviteurs de Dieu et d'autrui. Or la plupart d'entre nous abordent le travail et les affaires, voire la vie en général, avec l'attitude « Que puis-je en tirer ? » Plutôt que « Que puis-je donner ? »

C'est encourageant de se dire serviteur de Dieu. Qui ne voudrait pas être serviteur du roi ? Mais quand il s'agit de servir autrui, nous ne nous sentons guère appelés. C'est très noble de servir Dieu, mais nous ressentons de l'humilité en servant nos semblables. Le service de Dieu trouve en nous un écho favorable ; par contre, servir les gens, surtout ceux qui ne peuvent nous le rendre, n'apporte ni bénéfice visible, ni gloire de la part de quiconque, sauf de Dieu ! Christ nous a donné l'exemple : « Le Fils de l'homme est venu, non pour être servi, mais pour servir et donner sa vie en rançon pour beaucoup » (Matthieu 20 v. 28). Pour être serviteurs de Dieu, il faut que nous soyons serviteurs des hommes.

Au travail et dans les affaires, le concept du service du prochain doit sous-tendre tout ce que nous faisons. Quand nous servons, nous pensons en premier à celui que nous essayons de servir. L'employé qui fournit un service honnête au travail honore Dieu et acquiert de la valeur pour son employeur. Par contre, celui qui ne sert que lui-même est rarement apprécié dans une entreprise.

Le service est un mot-clef dans n'importe quelle compagnie. Mais servir sans prendre comme but la vente est une tout autre affaire. Il faut que nous cherchions toujours à répondre aux besoins de l'autre, à agir dans son plus grand intérêt. Si nous accordons la priorité aux intérêts de nos clients, si nous essayons sincèrement de les servir, nous verrons la bénédiction de Dieu dans nos vies et notre travail.

La responsabilité personnelle

« Ce n'est vraiment pas de ma faute », diront certains, « Si la politique et les pratiques de mon entreprise m'obligent à agir ainsi. » Que de fois rejetons-nous la responsabilité d'actes contestables ou même malhonnêtes sur notre entreprise ou sur quelqu'un d'autre. Chaque compagnie a des « points faibles » éthiques, devenus pratiques courantes au fil des années. Néanmoins, ceci n'excuse en rien l'employé chrétien. Nous sommes tous responsables de nos actes et de nos décisions. Le mot d'ordre de l'éthique commerciale chrétienne doit être la responsabilité personnelle. Jacques affirme : « Chacun est tenté, parce que sa propre convoitise l'attire et le séduit » (Jacques 1 v. 14).

Nous sommes pleinement responsables de nos actes, non seulement devant Dieu, mais devant tous les tribunaux. Quand nous nous laissons aller à faire des compromis, nous ne pouvons que nous en prendre à nous-mêmes. Ne nous laissons pas endormir par le conformisme à l'égard des pratiques du monde. Chaque chrétien est mis en garde : « Ne modelez pas votre comportement sur les coutumes de ce monde » (Romains 12 v. 2, « Le Livre »).

En acceptant la responsabilité de nos actes, il se peut que nous nous heurtions à nos supérieurs ou à d'autres collègues de bureau. Mais quand nous transigeons sur notre morale et notre conscience, nous sacrifions une partie de notre vie et de notre rêve.

Commentant le scandale du Watergate, l'ex-assistant du président, Jeb Stuart Magruder, déclara : « Nous nous étions engagés dans l'illusion que nous ne faisions pas vraiment quelque chose de mal, et quand nous avons fini par commettre des actes illégaux, nous avions perdu tout contrôle. Nous étions passé d'un comportement éthiquement douteux à des activités illégales sans même nous en rendre compte. »

Quand nous dénonçons des pratiques sans éthique ou malhonnêtes, nous risquons peut-être notre place. Mais si l'entreprise est résolue à poursuivre ces pratiques contestables, il vaut probablement mieux que nous cessions de travailler pour elle. Notre conscience ne tardera pas à s'émousser si nous sommes constamment obligés de justifier nos actes.

Un bénéfice raisonnable

Parmi ces cinq directives, le bénéfice raisonnable est probablement le point le plus difficile à décrire, à définir et à défendre. Les consommateurs veulent laisser au producteur le plus faible profit possible. Les hommes d'affaires savent que le profit est essentiel pour la survie de leur entreprise. Ils sont obligés de faire des profits importants sur certains articles pour compenser les pertes sur les articles moins rentables, ou dont la rotation est plus lente. Ainsi, la définition du « raisonnable » ne sera pas la même si vous êtes vendeur ou acheteur.

Dans un article paru dans le magazine « Eternity », William Krutza mentionne un agent immobilier chrétien qui se vantait : « Je ne conclus jamais d'affaires qui ne me rapportent pas un bénéfice de 500 à 2 000 pour cent ! Je n'ai qu'à trouver quelqu'un qui ne connaît pas la valeur de sa propriété et qui a hâte de s'en débarrasser pour des raisons financières. Ne dites jamais à un vendeur ce que son bien peut valoir ou la transaction que vous allez conclure. »

Krutza en concluait que la plupart des hommes d'affaires chrétiens agissent selon les mêmes principes que les non-chrétiens : profit, produits, personnes et principes, dans cet ordre-là.

Nous ne pouvons définir monétairement un profit raisonnable qui s'appliquerait à toutes les situations. Chaque commerçant devrait sérieusement s'interroger à ce propos dans sa propre situation. La « règle d'or », souvent citée mais rarement appliquée, devrait certainement nous guider : « Ce que vous voulez que les hommes fassent pour vous, faites-le pareillement pour eux » (Luc 6 v. 31). Il faut que le vendeur se mette à la place de l'acheteur et se demande si le prix est juste et équitable.

Bénéfice raisonnable et salaire raisonnable sont liés. Sommes-nous disposés à nous contenter de notre revenu, ou voulons-nous toujours plus malgré tout ce que nous touchons à l'heure actuelle ? Un bénéfice raisonnable pour l'homme d'affaire devrait aller de pair avec un salaire raisonnable pour l'employé.

Les paroles de Jean-Baptiste à quelques soldats s'appliquent aussi aux employés de notre temps : « Ne faites violence à personne, et ne dénoncez personne à tort, mais contentez-vous de votre solde » (Luc 3 v. 14). Le but ultime du chrétien n'est pas le profit pour lui-même. Il se comporte autrement. Il peut se contenter de ce qu'il a. Est-ce à dire qu'il ne devrait jamais demander une augmentation ? Il peut la demander, mais il doit se satisfaire d'un salaire juste et d'une récompense correcte pour le temps et les efforts qu'il a investis.

L'employeur est tenu par la Bible de verser un juste salaire, car « l'ouvrier mérite son salaire » (1 Timothée 5 v. 18 ; voir aussi Lévitique 19 v. 13). En fait, n'est-ce pas là l'équilibre du profit et des salaires, le partage du bénéfice avec ceux qui le rendent possible ?

Un bénéfice et un salaire raisonnable sont les deux principes-clefs du chrétien engagé dans les affaires.

PROBLÈMES TYPIQUES

Beaucoup de problèmes liés à l'honnêteté au travail et dans les affaires reviennent si fréquemment qu'ils méritent une attention particulière. J'en cite quelques-uns ci-dessous pour stimuler votre pensée et votre conscience, tandis que vous examinerez votre propre situation et rechercherez sincèrement la volonté de Dieu.

L'obéissance à la loi

Tous les pays édictent des lois réglementant la vie de leurs citoyens. Un grand nombre d'entre elles sont effectivement issues d'un enseignement biblique, en particulier des Dix Commandements. D'autres se sont imposées au cours des siècles, sous la pression des événements.

Les chrétiens sont tenus de respecter ces lois : « Que toute personne soit soumise aux autorités supérieures ... Les gouvernants ne sont pas à craindre quand on fait le bien, mais quand on fait le mal. Veux-tu ne pas craindre l'autorité ? Fais le bien, et tu auras son approbation » (Romains 13 v. 1,3). Même Jésus obéit à la loi romaine, en s'acquittant d'une taxe et en se soumettant à la crucifixion.

Ces lois ne sont que des directives limitées pour le chrétien. Tout ce qui est légal n'est pas nécessairement éthique ou correct. Nous sommes soumis à une loi supérieure et plus juste, celle de Dieu. Néanmoins, les hommes d'affaires chrétiens sont obligés de se soumettre à la loi de leur Etat dans la meilleure mesure de leur connaissance et de leur capacité, sans laisser l'opportunisme ou les pressions extérieures les engager dans des activités ou des comportements illégaux.

Il faut que nous fondions nos principes sur de petites choses pour nous préparer aux grandes décisions. Récemment, j'ai fait une offre pour l'achat d'une caravane. Le vendeur m'expliqua qu'il pouvait marquer sur l'acte de vente une somme moins élevée que le prix de vente effectif, pour que je paye moins de taxes. Je lui déclarai immédiatement que je n'étais pas d'accord. Si j'avais accepté, il m'aurait été plus aisé à l'avenir de désobéir à la loi sur des points plus importants.

Certains chrétiens opèrent vraiment à la marge de la loi – légalement, mais tout juste. La marge devient floue et glisse dans l'illégalité. Prenons donc garde à notre conscience et à notre témoignage chrétien.

Déformation des faits

Il s'agit de faire croire aux gens qu'un produit ou un service est meilleur que ce qu'il est en réalité.

Dans l'Ouest des Etats-Unis, un médecin chrétien était membre d'un cabinet de groupe dont tous les médecins traitaient les malades à des tarifs uniformes. Par la suite, chaque médecin était jugé et évalué par ses pairs. Or on constata que ce docteur chrétien avait administré des traitements inutiles, avait fait payer à ses malades un prix excessif et avait même facturé des services qu'il n'avait pas rendus. A cause de son comportement malhonnête, on lui demanda de quitter le cabinet de groupe. Il avait terni la réputation de sa profession et surtout celle des chrétiens de la ville. Il avait manqué de probité et s'était déshonoré.

En réalité, la déformation des faits est une forme déguisée du mensonge. Par exemple, le désir de réaliser une vente peut facilement obscurcir notre sensibilité à la vérité. Ne pas mentionner des données capitales sur une voiture d'occasion, prétendre qu'un produit de mauvaise qualité vaut autant qu'un bon produit, s'attribuer des qualités ou des capacités illusoires, faire semblant d'être occupé au travail tout en y perdant son temps, promettre une livraison ou un travail quand on sait pertinemment qu'on ne respectera pas les délais, tout cela, c'est déformer les faits.

Nous ne pouvons pas nous permettre de tomber dans le piège consistant à penser qu'il nous faut maquiller la vérité pour survivre. Notre conscience nous le reprocherait, et nous perdrions la bénédiction de Dieu. Même si nous ne sommes jamais « pris » et si ça nous permet d'augmenter nos revenus, est-ce que ça en vaut la peine ?

Compromission et tolérance de la malhonnêteté

A l'Ecole de l'Air américaine, l'un des officiers surprit un élève qui détenait illégalement quelques bouteilles d'alcool. Après l'avoir sévèrement réprimandé et avoir confisqué l'alcool, il déclara à l'élève qu'il n'allait pas le dénoncer, mais il lui fit promettre de ne plus jamais transgresser le règlement. L'officier voulait agir avec compassion, car l'Ecole Militaire aurait pris de sévères sanctions à l'égard de l'élève à cause de ce délit. Pour la plupart d'entre nous, cet officier est sympathique et bienveillant.

Quelques mois plus tard, on trouva à nouveau de l'alcool dans la chambre de l'élève. Mis en face de son délit, il avoua que cet officier l'avait pris sur le fait quelques temps auparavant, mais ne l'avait pas dénoncé. Quelques jours après, on muta l'officier, on mit fin à ses fonctions et on lui donna un blâme qui allait nuire à sa carrière.

Moïse mit en garde les Israélites : « Sachez que votre péché vous retrouvera » (Nombres 32 v. 23). Si nous acceptons des compromis sur des questions morales ou éthiques, nous prenons des habitudes dangereuses. Nous commençons à tolérer les actions et les pratiques mauvaises d'autrui, puis nous tolérons le péché dans notre propre vie. Nous tolérons le péché quand nous connaissons et approuvons les méfaits des autres. Nous nous compromettons quand nous le faisons nous-mêmes.

Les gens nous révèlent parfois les petites libertés qu'ils prennent avec l'éthique, pour voir comment nous y réagissons. Ils veulent s'assurer que nous fermons les yeux sur ce qu'ils font. Si nous trouvons à y redire, ils ne nous remettront généralement pas au pied du mur. Mais si nous leur donnons un accord tacite, nous nous trouvons engagés dans des situations qui mettent en péril nos convictions et notre réputation.

A quelle fréquence sommes-nous confrontés à la tentation de compromission ? Selon un rapport de 1973 des Associations de Gestion Américaines, environ 70 pour cent des quelque 3 000 hommes d'affaires interrogés déclaraient qu'il leur arrivait, au moins occasionnellement, de transiger sur leurs principes pour se conformer aux normes de leur entreprise ou de leur patron. De plus, ils classaient une « bonne réputation pour ses convictions morales et/ou éthiques » en queue d'une liste de facteurs considérés comme nécessaires pour être promu, derrière « l'arrière-plan familial et social » et loin derrière les « contacts personnels » (les relations).

Il se peut que votre éducation ne vous ait pas fourni de convictions solides vous permettant de résister aux compromissions. Peut-être avez-vous du mal à distinguer entre le bien et le mal à cause de l'influence irrésistible de collègues qui agissent sans aucun sens éthique. Si tel est le cas, il faut que vous demandiez conseil à des amis chrétiens dignes de confiance et que vous étudiez les Ecritures pour développer

vos convictions personnelles.
L'ignorance n'est pas une excuse pour faire le mal.
Chacun porte la responsabilité de ses actes devant Dieu. Les
chrétiens sont tenus de savoir comment le Seigneur veut qu'ils
vivent et croient. Et au-delà de la connaissance les chrétiens
doivent faire ce qu'ils savaient devoir faire.
Laxisme et compromission sont des bombes à retarde-
ment dans la vie chrétienne. Au moment où l'on s'y attend le
moins, elles explosent et entament leur processus destructeur.

Faire face à la malhonnêteté
Pendant que j'étais professeur à l'Ecole de l'Air américaine,
je répondis à une petite annonce pour acheter un objet
d'occasion et je rendis visite au vendeur. En entrant, je
remarquai dans la salle à manger quelques adolescents qui
riaient, jouaient et mangeaient. Quand le vendeur apprit que
j'étais professeur à l'Ecole de l'Air, il me dit fièrement que
son fils y était en première année. Puis il me glissa en
plaisantant que ce fils était dans la salle à manger : il était
rentré chez lui, en infraction aux règles de l'Ecole. Je ne sais
absolument pas pourquoi il me dit ça, mais ses paroles me
mirent dans une situation délicate. Si je ne dénonçais pas
cette infraction, personne n'en saurait rien. Mais ce qui
m'inquiétait, c'était que ce jeune homme qui se préparait à
être officier dans l'Armée de l'Air des Etats-Unis fraudait
déjà.
Après la prière et quelques luttes, je téléphonai à l'officier responsable de ce jeune homme et l'informai de ce que
j'avais découvert. Ce jeune avait une excellent réputation
dans l'Ecole. J'appris qu'il était l'un des meilleurs de sa
promotion et devait bientôt la commander pendant une
période de vacances, quand les responsables des années supérieures seraient partis. Bien entendu, on lui refusa cet
honneur une fois que sa transgression fut découverte.
Personne n'aime faire face à la malhonnêteté. On préfère
fermer les yeux en espérant que quelqu'un d'autre dénonce
l'affaire. La confrontation crée généralement des conflits et
des relations tendues. Néanmoins, les chrétiens doivent
influencer la morale de leurs collègues et pour cela, la
confrontation est essentielle.
Bien entendu, les avis divergent sur la nécessité de faire
face au mal. Le directeur général en retraite d'une grande

entreprise nationale déclarait : « Mon conseil serait d'en faire votre propre affaire s'il s'agit d'un point mineur. En fait, je ne vois pas pourquoi j'imposerais ma morale à qui que ce soit. D'ailleurs les petites choses, comme le fait de gonfler ses frais de représentation, sont des pratiques courantes dans toutes les entreprises. Ce sont des soupapes de sécurité, de petites gratifications que les gens qui se sentent plus ou moins exploités, peuvent s'accorder. » Mais les chrétiens ne peuvent pas souscrire à cette affirmation.

John A. Howard touche du doigt le véritable problème : « La neutralité morale n'existe pas. Ceux qui n'agissent pas franchement selon leurs convictions, soutiennent par leur inaction l'opinion opposée. Chaque fois qu'une personne perçoit pertinemment le bien et le mal, son silence est un suffrage en faveur du mal. »

Mais comment pouvons-nous mettre les gens en face de leurs responsabilités de façon efficace et utile, sans être contrariant, ni déplaisant ? Voici quelques conseils :

1. Soyez certains de bien connaître les faits.
2. Sachez discerner entre vos préférences personnelles et les comportements illégaux ou contraire à l'éthique. Il est discourtois de fumer dans un endroit réservé au non-fumeurs, mais non illégal. Par contre, mentir aux clients ou gonfler ses frais de représentations sont des questions sérieuses.
3. Etablissez préalablement des notes écrites pour vous aider à réduire le facteur émotionnel lors d'une confrontation de vos convictions avec celles d'autrui.
4. Sachez distinguer les cas isolés des habitudes enracinées.
5. Priez au sujet de l'initiative à prendre. Cherchez la volonté de Dieu.
6. A moins qu'il s'agisse d'un acte illégal (comme le détournement de fonds ou la corruption), allez trouver la personne en question et partagez de façon informelle vos observations et vos inquiétudes personnelles. Ne lancez pas d'accusations, mais décrivez simplement les faits et recueillez l'information pour être certain d'être dans le vrai. (Bien entendu, c'est une démarche risquée dans la mesure où elle peut déclencher une réaction de colère, mais dans la plupart des cas, c'est la meilleure façon d'agir). Usez de tact et de diplomatie.
7. Le cas échéant, prenez contact avec le supérieur hié-

rarchique de la personne. Passez par les voies hiérarchiques prévues dans votre société.

8. Assurez-vous que vous n'avez pas personnellement intérêt à exposer les problèmes de cette personne.

9. Si vous vous êtes trompé, excusez-vous et éclaircissez la situation avec toute personne, à qui vous en auriez parlé.

10. Si la personne en question est votre employeur ou votre supérieur, la situation est particulièrement délicate. Paul M. Hammaker, ex-Président de Montgomery Ward, propose l'approche suivante : « Dites : Patron, j'aimerais avoir quelques conseils. Dans ce que vous faites quelque chose m'importune, mais il se peut que ma façon de voir des choses soit déformée. Pourriez-vous m'expliquer pour que je comprenne ? » La plupart des patrons ne vont pas vous mettre à la porte sur-le-champ. S'ils refusent de discuter, je pense qu'il est temps de chercher un emploi dans une autre société ».

Obéir à son employeur

Votre employeur peut vous demander de faire quelque chose d'immoral ou d'illégal, surtout si vous avez acquis l'habitude et la réputation de l'art du compromis.

J'ai un ami travaillant au siège d'une grande entreprise de quincaillerie. Il y est responsable des achats. De par sa fonction, il établit des rapports à l'intention des principaux distributeurs de l'entreprise. Ces rapports déterminent les taux de remise en fonction du volume de chiffre d'affaires de leur produit. Un jour son supérieur lui ordonna d'inclure dans son rapport mensuel les résultats du mois précédent, la société pouvant en tirer un avantage particulier au niveau des prix d'achat. Il fallait donc que mon ami signe un rapport erroné. Son supérieur lui assura en avoir discuté avec le représentant de l'entreprise, qui avait donné son accord. Cependant mon ami était gêné par la malhonnêteté qu'impliquait cet acte, et en discuta à nouveau le jour suivant avec son supérieur. Il reçut la même réponse. Mais la conscience de mon ami continua à le tourmenter. Après avoir obtenu davantage d'informations sur cette affaire et avoir beaucoup prié en s'appuyant sur Proverbes 21 v. 1, il décida de sauvegarder son intégrité : il refusa d'inclure les chiffres du mois précédent dans son rapport, et son supérieur dut en prendre acte, à contre-cœur. Mon ami risqua sa place pour ce qu'il savait être juste. Or, il fut promu plus tard à un poste supérieur ...

Cet exemple illustre les limites de l'autorité. Aucune autorité ne doit vous forcer à aller à l'encontre de vos convictions et à pécher. Si ceux qui ont l'autorité imposent une situation contraire à l'éthique, la réponse est la résignation. Mais quand c'est à vous de prendre une décision, refusez immédiatement. N'hésitez pas, ne cherchez pas de longues explications. Vous prenez un risque, mais ayez foi en Dieu, vous confiant en sa protection.

Règlements

Les règlements d'une société ne sont pas des articles de loi, mais constituent simplement la police. Ils ne sont pas toujours justes, mais ils font partie du contrat de travail. Bien des règlements sont absurdes ; parfois il est quasiment impossible de s'y conformer strictement surtout dans l'administration ou à l'armée.

Comme jeune officier de l'Armée de l'Air américaine, je fus un jour affecté provisoirement au service civil des Travaux Publics d'une certaine base. J'inspectais le travail des entreprises contractées, et certifiais qu'elles avaient achevé une certaine partie du travail ; et qu'elles pouvaient ainsi percevoir des paiements partiels.

En inspectant un immeuble, je me rendis compte que les installations électriques n'avaient été que particiellement terminées. Je signalai donc qu'aucun travail n'était complètement achevé. Apparemment, l'entrepreneur s'attendait à ce que je signale qu'une partie du travail était terminée pour en obtenir un règlement partiel. Furieux, il se précipita dans le bureau de mon commandant pour se plaindre. Heureusement mon supérieur me donna gain de cause et refusa de modifier le rapport.

Une autre fois, plusieurs officiers chrétiens devaient étudier le lancement de missiles dans une base aérienne. Pour passer les examens liés à cette formation, il fallait qu'ils indiquent avoir passé un certain nombre d'heures dans un simulateur de vol. Lorsque la formation pouvait être terminée en un temps plus court, on marquait d'office que le nombre d'heures avait été accompli. Ces chrétiens eurent le sentiment que ce n'était pas honnête, puisque cela ne correspondait pas à la réalité.

Ils protestèrent contre cette pratique, bien que leur plainte impliquait l'existence de malhonnêteté chez d'autres. Après

en avoir discuté avec des officiers supérieurs responsables du
déroulement des tests, on leur assura que l'intention du
règlement était de veiller à ce que les officiers fassent leur
travail et maîtrisent leur sujet, et pas nécessairement qu'un
certain nombre d'heures soit assuré.

Certains règlements ne peuvent être respectés à la lettre.
Ainsi, il existe de nombreux volumes de règlements abordant
chaque aspect des contrats publics. Ceux qui sont chargés de
passer des contrats doivent attester qu'ils respectent tous ces
règlements. En pratique, il faudrait des mois ou des années
pour tout vérifier. Il convient donc de conclure un accord de
principe avec les auteurs de ces règlements selon lequel il
suffit que l'officier fasse de son mieux pour les respecter et
effectue des contrôles ponctuels. Alors le document déclarant
les spécifications respectées peut être signé par celui qui sait
que l'esprit des règlements a été observé.

Les petites choses

La plupart d'entre nous ne sommes pas confrontés à des
tentations flagrantes de tricherie, de mensonge ou de vol. Ce
sont les petites choses qui nous mettent en difficulté, frais de
représentation scrupuleusement exacts, usage personnel du
matériel du bureau, coups de fil inter-urbains depuis le
bureau, et compte-rendu honnête du travail accompli. C'est
dans ces petites choses que nous devons veiller à être honnêtes. Les équipements de bureau appartiennent à l'entreprise. Il est vrai qu'il est parfois difficile de faire la part entre
les affaires personnelles et celles de la société. Certaines
compagnies permettent à leurs employés de faire un usage
personnel des équipements de l'entreprise. Mais ces avantages
doivent être clairement établis.

Durant la rédaction de mon précédent livre, je chargeai
ma secrétaire de la dactylographie et utilisai la photocopieuse
et les fournitures de bureau de mon organisation. La secrétaire fit le décompte des heures et nota les frais que je
remboursai ultérieurement. J'aurais pu considérer ce travail
comme faisant partie de mes tâches professionnelles, puisque
étroitement lié à mes conférences et à mon ministère. Mais je
n'aurais pas eu la conscience tranquille, puisque j'allais tirer
un avantage financier de la publication. Pour un autre
ouvrage écrit pour l'Ecole de l'Air américaine je n'ai pas été

rémunéré, ainsi je n'avais pas de raisons de tenir des comptes semblables.

Adoptez des habitudes éthiques dans les petites choses, et vous construirez une base solide pour les grandes décisions.

L'usage du temps

Selon un hebdomadaire, 80 pour cent des employés seraient coupables de « voler » le temps du patron, et le « vol » moyen atteindrait 3 heures 45 minutes par semaine. Les chrétiens sont tenus de fournir une journée de travail en contrepartie d'une journée de salaire, et d'accomplir correctement leurs tâches. Nous devons mettre à la disposition de notre employeur, à la fois le temps et le résultat.

Nous savons tous quand nous gaspillons le temps de notre employeur. Comme enseignant à l'Ecole de l'Air américaine, j'étais très libre dans mes horaires quotidiens, ce qui me permettait souvent de conseiller les élèves dans le domaine spirituel. Parfois j'eus la conviction de ne pas consacrer suffisamment de temps aux activités de l'Ecole. C'est ainsi que je me suis mis à relever le temps approximatif que je consacrais effectivement à l'Ecole de l'Air, afin de disposer d'une évaluation réaliste et équilibrée de l'usage de mon temps.

Il faut faire attention à ne pas tromper notre employeur en dissipant délibérément notre temps de travail. Ceci exige bien sûr des décisions de bon sens, liées à chaque type d'emploi. Un opérateur sur une chaîne de montage travaille parfois si bien qu'il est en avance sur le programme de la chaîne ; ses temps d'attente sont donc parfaitement justifiés. Et bien des postes de gestions autorisent une grande flexibilité dans l'usage du temps.

Politique, pouvoir et relations personnelles

L'adage qui dit que : « Ce qui compte n'est pas ce que vous connaissez mais celui que vous connaissez » se vérifie fréquemment dans notre monde, mais son application peut aboutir à des pratiques fortement contraires à l'éthique. La plupart des entreprises ont une structure de direction dont certains savent parfaitement tirer partie. Dans certaines situations « la politique » inclut le trafic d'influences et les dessous de table. Mais il est malhonnête de nouer des relations dans le seul but d'utiliser une personne pour un objectif politique. Il ne faut pas que nous succombions à ces manœuvres dans l'espoir d'une promotion ou d'une augmentation.

De même, celui qui occupe une position d'autorité peut facilement faire un mauvais usage de son pouvoir. Plus une personne a d'autorité et de pouvoir, plus elle se doit de surveiller les valeurs et l'éthique qui la motivent dans chaque situation. L'exemple extrême, en matière d'abus de pouvoir et d'autorité, a été fourni par l'affaire du Watergate. Mais quiconque exerce un pouvoir sur les hommes et l'argent est tenté d'en abuser à des fins contraires à l'éthique.

Jésus a dit : « Vous savez que les chefs des nations les tyrannisent, et que les grands abusent de leur pouvoir sur elles. Il n'en sera pas de même parmi vous. Mais quiconque veut être grand parmi vous, sera votre serviteur » (Matthieu 20 v. 25-26).

COMMENT PRENDRE
DES DÉCISIONS ÉTHIQUES DANS
LE MONDE DU TRAVAIL ET DES AFFAIRES

Ce chapitre vous a peut-être incité à examiner certains problèmes relatifs à votre vie et pour lesquels vous cherchez une solution éthique, mais la réponse exacte, adaptée à votre situation, n'a pas été donnée. Les réponses universelles n'existent guère, à l'exception des évidences comme la malhonnêteté flagrante, le mensonge et la fraude. Et pourtant nous sommes sans cesse amenés à prendre des décisions à implications éthiques. La façon dont nous prenons ces décisions maintenant déterminera notre conduite dans les années à venir. Les principes directeurs que je vais vous proposer ci-dessous pourront vous aider à prendre ces décisions correctement.

Tenez-vous-en aux faits. Assurez-vous d'avoir toutes les données pertinentes sur le problème dont il est question. Les sentiments ne pourront jamais remplacer les faits. Qu'est-ce que votre patron vous a demandé de faire ? Que dit la loi ? Quel est le règlement de l'entreprise ? Qu'y a-t-il de contestable dans ce que vous faites ? Quelles sont les conséquences financières ? Notez par écrit tous ces faits, surtout quand vous avez une décision majeure à prendre.

Sondez les écritures. Cherchez dans la Bible des instructions précises à propos de ces décisions. *Examinez votre vie personnelle.* Evaluez votre vie spirituelle. Lisez-vous la Bible et priez-vous quotidiennement ? A défaut, vous risquez de faire totalement confiance à votre propre jugement et de vous appuyer constamment sur les conseils des autres. Etes-vous un jeune chrétien, ou un chrétien qui n'a pas grandi spirituellement ? Si tel est le cas, il se peut que vous ayez pris des habitudes qui ont engourdi votre conscience, et vous aurez besoin d'agir de façon plus disciplinée. Je discutais un jour avec un jeune chrétien réussissant bien les affaires immobilières et financières. Il m'expliqua que les méthodes et le style de son activité étaient tels qu'il ne pouvait simplement plus continuer à agir de la même façon, maintenant qu'il était devenu chrétien. Il savait qu'il était obligé de reconstruire ses fondations pour prendre des décisions.

Reconnaissez les normes implicites. Soyez conscient des normes implicites de votre profession. Ces normes peuvent imposer des restrictions à des domaines qui ne sont, ni illégaux, ni contraires à l'éthique. En tout cas, ne laissez pas ces normes vous gouverner et vous amener à agir à l'encontre de votre conscience.

Ecoutez votre conscience. Quand la Bible n'aborde pas directement une certaine question, mettez soigneusement par écrit les impressions de votre conscience. Mettez votre conscience en conformité avec les Ecritures.

Priez. A présent, présentez tous ces faits à Dieu dans le prière. Les Ecritures nous promettent : « Si quelqu'un d'entre vous manque de sagesse, qu'il la demande à Dieu qui donne à tous libéralement et sans faire de reproche, et elle lui sera donnée » (Jacques 1 v. 5). Il vous faudra de la sagesse pour prendre la bonne décision. Dieu vous dirigera si vous lui soumettez des problèmes précis.

Demandez conseil. Souvent notre connaissance des Ecritures est insuffisante, notre expérience est limitée, ou nous sommes tellement impliqués subjectivement dans la question, que nous en perdons la perspective. Alors les conseils d'un ami chrétien expérimenté, en qui nous avons confiance, peuvent nous être d'un précieux secours. C'est encore plus enrichissant quand cet ami a vécu une situation similaire à la nôtre. Il est souvent plus indiqué de demander conseil à plusieurs personnes. Rappelez-vous que nul n'est infaillible et que seul vous-même pouvez prendre la décision. Personne d'autre ne peut assumer votre responsabiltié.

A présent, prenez quelques minutes et notez quelques unes de vos convictions de base en matière d'honnêteté et d'éthique. Dans quelles situations avez-vous été personnellement amené à prendre des décisions majeures ?

Un chrétien peut-il être totalement honnête ? Certes oui. Mais les hésitations et les compromissions détruiront nos tentatives d'être honnête. Il nous faut définir des principes directifs de base pour l'honnêteté dans notre vie et notre travail, et les suivre.

7

L'HONNÊTETÉ
AU FOYER

Depuis que je me suis lancé dans cette étude et que je publie des ouvrages sur l'honnêteté et l'éthique, mes enfants me surveillent drôlement ! Souvent, quand je suis au volant et que je dépasse un tant soit peu la vitesse autorisée, j'entends leurs petites voix derrière moi : L'éthique papa, l'éthique !» Je suis de plus en plus conscient du fait que mes enfants me regardent constamment agir et m'imitent. Rien de ce que je fais ne m'est strictement personnel. Mes enfants me voient tel que je suis en réalité.

Lorsque j'y ai réfléchi, j'ai eu très vivement conscience de l'étendue de ma responsabilité à leur égard, en tant que père et modèle, aussi bien dans mes actes que dans mes attitudes.

Les Ecritures déclarent : « Ne vous y trompez pas : on ne se moque pas de Dieu. Ce qu'un homme aura semé, il le moissonnera aussi » (Galates 6 v. 7). Nous expérimentons cette réalité tout particulièrement au sein de la famille. Ce que nous semons dans nos foyers et nos vies portera ses fruits dans la vie de nos enfants. Mais le foyer n'est-il pas un terrain déloyal de ce point de vue ? Nous y sommes tellement vulnérables et exposés aux regards. Après tout, dans quel autre lieu pouvons nous nous laisser aller et être nous-mêmes ? C'est souvent là que le bât blesse : c'est notre être véritable qui est pris comme modèle par nos enfants. Si notre foi chrétienne est authentique, elle doit pénétrer même dans la vie privée de nos foyers. Si elle n'y est pas évidente, on peut douter de sa réalité.

AGIR HONNÊTEMENT

« Tes actes parlent si fort qu'ils couvrent ce que tu dis. ». Cette vieille maxime traduit fidèlement le point de vue des enfants qui grandissent. Ils comparent les normes qu'on leur impose à celles auxquelles se conforment leurs parents. Le comportement de ces derniers laisse une empreinte si profonde sur eux qu'aucune parole ne pourra rien y changer. Considérons quelques domaines dans lesquels cette influence est la plus marquante.

Les impôts et la gestion des affaires

Will Rogers a déclaré un jour : « L'impôt sur les revenus a produit davantage de menteurs en Amérique que le golf. » La fraude fiscale est en passe de devenir un sport à la mode. Pourtant, rares sont ceux qui s'engagent dans une fraude de grande ampleur. Cependant ils estiment qu'ils peuvent se permettre de petits « oublis » dans leur déclaration fiscale.

Venons-en à un exemple pratique. Jean était bien vu dans son milieu professionnel. Cela faisait de nombreuses années qu'il était chrétien, et on l'invitait souvent à rendre témoignage de sa foi dans le cadre de réunions religieuses un peu partout aux Etats-Unis. Il touchait fréquemment des honoraires pour cela. Au moment de la déclaration des impôts cette année-là, il eut une discussion orageuse avec son comptable. De retour à la maison, il donna libre cours à sa colère en présence de sa femme et de son fils lycéen.

« Le Gouvernement Fédéral est le plus grand voleur de l'histoire !

Cette année, je vais être obligé de payer davantage d'impôts sur le revenu que jamais auparavant.

Mes honoraires ne regardent que moi ! Tant pis, pour eux, ils en encaissent déjà suffisamment ! »

Quelques années plus tard, il fut stupéfait et attristé d'apprendre que son fils, homme d'affaires prospère, avait été pris en défaut par un contrôle fiscal et avait été condamné à une forte amende pour fraude fiscale. Aux reproches de son père, il répondit de façon cinglante : « D'après toi, qui m'a appris à frauder ? C'est toi le grand expert, papa ! » Jean quitta son fils, accablé par un sentiment de culpabilité et de perplexité.

Vous vous direz peut-être : « Mais mes enfants ne

seraient pas informés de telles choses. En fait ils ne savent rien de ce qui se passe à mon travail.» Le pensez-vous vraiment? Rappelez-vous les différentes conversations que vous avez eues avec votre épouse, alors que vos enfants étaient dans les alentours ou dans la pièce à côté. N'avez-vous pas parlé de déductions fiscales contestables ou de toute autre chose de ce genre? Ne considérez pas seulement la façon dont vous avez finalement traité vos affaires, mais également la manière dont vous en avez discuté. Les enfants sont à l'écoute de nos sous-entendus aussi bien que de nos paroles.

Une fois vos enfants devenus adolescents, il faudra probablement faire le point avec eux sur les sommes touchées pour des petits travaux, et ne pas oublier de les déclarer au fisc. Que leur direz-vous? Quand ils vous demanderont des conseils financiers, quelle sera votre réponse? Les adolescents sont prompts à adopter vos attitudes lorsque vous les instruisez. Mais en-dehors de l'influence que vous exercez sur vos enfants, comment la conduite de vos affaires financières affecte-t-elle votre conscience? Si vous n'êtes pas scrupuleusement honnête dans la déclaration de vos revenus, pouvez-vous vraiment exercer vos enfants à l'honnêteté dans d'autres domaines?

Avez-vous acquis des convictions bibliques à propos de votre responsabilité à l'égard du gouvernement? Avez-vous partagé ces enseignements bibliques avec vos enfants? Si vous souhaitez approfondir vos connaissances et étudier ces thèmes, voici quelques passages pertinents: Romains 13 v. 1-7, Matthieu 22 v. 16-22, Matthieu 17 v. 24-27 et 1 Pierre 2 v. 13-17.

Nous nous imaginons que nos enfants ignorent tout de la façon dont nous gérons nos affaires. Mais souvent leur perspicacité est bien supérieure à ce que nous croyons. Ils voient si nous payons promptement le porteur de journaux, si nous donnons des pourboires équitables, et comment nous réagissons face à certaines situations, par exemple lorsqu'on nous a trompés dans un magasin. A partir de ces indicateurs, somme toute mineurs, ils commencent à former leurs propres convictions ainsi que leur opinion sur l'honnêteté et l'équité qui est la nôtre.

Puisque notre emploi occupe une telle place dans notre vie, il nous arrive fréquemment d'en parler à table, ou à d'autres occasions. Nous vanter d'avoir « fait marcher » quelqu'un au travail ou d'avoir « massacré » la concurrence par un beau coup de pocker, pénètre l'esprit de nos enfants et révèle notre caractère.

Qu'en est-il des congés de maladie ? Vos enfants constatent que vous êtes en parfaite santé ; or ils entendent votre épouse (ou vous-même) téléphoner au bureau dire que vous êtes souffrant, afin d'avoir le temps de régler quelques affaires personnelles. Ou bien ils vous voient faire des achats personnels sur votre compte d'entreprise. Les enfants, spécialement les adolescents, comprennent ce genre de choses.

Nous sommes également vulnérables aux regards scrutateurs de nos enfants quand nous accueillons des collègues de travail à la maison, surtout si nous en avons parlé précédemment : ils vont alors comparer la façon dont nous conversons avec ces visiteurs à nos discussions privées. Si nos enfants constatent un décalage, ils vont commencer à nous considérer comme des hypocrites.

L'obéissance à la loi

Nous vivons quotidiennement avec les contraintes imposées par les lois de notre pays et notre communauté. En grandissant, nos enfants développent rapidemment le sens de ce qui est légal et illégal, et leur attitude face à la loi dépendra en grande partie de l'observation qu'ils auront de notre attitude dans ce domaine.

Prenons par exemple le pasteur Michel, qui avait la charge d'une église assez importante. Il était très aimé de ses paroissiens qui toléraient sa faiblesse apparente et en plaisantaient volontiers : il aimait faire de l'excès de vitesse au volant de sa voiture. Son fils ayant passé avec succès son permis de conduire, le pasteur Michel fut déçu et fâché du fait que son fils ait accumulé trois accidents en l'espace de six mois. Après avoir bien réfléchi à la situation, et reconnu sa contribution au problème de son fils, le pasteur Michel eut une longue conversation avec lui, et lui demanda pardon pour le mauvais exemple qu'il lui avait donné. Le fils réagit favorablement, et ni l'un ni l'autre n'eut la moindre contravention ou accident par la suite.

Durant les quelque dix-huit ans pendant lesquels le fils ou la fille habite chez ses parents, ils n'ont pas seulement le temps de bien connaître nos actions et nos réactions mais ils adoptent un grand nombre d'entre elles. Quand nos enfants nous voient commettre une infraction sur la route ou dans tout autre domaine de nos activités quotidiennes, ils ont tendance à faire de même, aussi bien à l'égard des règles que nous leur imposons qu'à l'égard des lois de la société. Il nous faut donner à nos enfants un exemple qui parle bien plus clairement que les paroles ; nous devons vivre dans le respect de la loi.

L'amour

Les actes et les expressions d'amour exercent une profonde influence sur nos enfants et sur toutes nos connaissances, et l'honnêteté est une chose essentielle dans notre amour. Les mots ont leur importance, nos enfants ont besoin de nous entendre dire que nous les aimons et qu'ils sont importants à nos yeux. Ils ont également besoin que nous exprimions verbalement notre amour envers notre conjoint. Les enfants sont sécurisés par le fait que leurs parents ont une véritable relation d'amour.

L'amour exige aussi d'être exprimé par des gestes. Quand, devant nos enfants, j'embrasse et je serre mon épouse contre moi, je les entends chuchoter : « Voilà les amoureux qui recommencent ! » ou « Regardez-les ! ».

Mais au fond, cette manifestation d'amour approfondit leur sentiment de sécurité et jette les bases de leur futur mariage. En outre, comme adultes nous avons besoin de cette expression d'amour de la part de notre conjoint.

Même lorsque l'amour s'exprime en paroles et en gestes, l'honnêteté véritable dans l'amour est présente lorsque les actions sont en harmonie avec les expressions. Les enfants s'attendent à ce que leurs parents les aiment. Notre attitude envers eux et notre conjoint doit être un véritable reflet de notre amour.

Les enfants mesurent la réalité de l'amour à la jauge de nos actes et de nos attitudes et évaluent l'honnêteté de cet amour d'après la façon dont nous traitons autrui. Ainsi, le fait de perdre patience et de nous mettre en colère contre un autre conducteur, par exemple, peut mieux aider un enfant à comprendre notre vie, que des heures de conférences sur l'amour chrétien. Quelques commentaires désinvoltes sur la paresse de leurs amis, ou sur le modeste niveau social des parents d'un camarade, leur donneront aussi un aperçu de nos attitudes véritables. La façon dont nous traitons et acceptons leurs amis a de l'importance pour eux. La façon dont nous parlons avec leurs amis et à leur propos, révèle notre amour pour nos enfants.

Tout récemment, Marie et moi rentrions de voyage, et eûmes une belle surprise en arrivant chez nous. La veille, mon frère était venu chez nous en auto-stop. En attendant que mon fils Etienne vienne le chercher à un restaurant local, il lia conversation avec un adolescent qui lui avoua qu'il venait de s'enfuir de chez lui, et qu'il ne savait où aller. C'était une froide journée de décembre, et l'adolescent ne portait qu'un léger blouson et une mince couverture. Pendant deux nuits, il avait essayé de coucher à la belle étoile, mais il faisait si froid qu'il n'avait pas pu dormir. Aussi mon frère l'invita-t-il chez nous. A notre arrivée, nous trouvâmes le jeune fugitif installé dans notre maison. Nous nous demandions quelles étaient nos responsabilités légales. Nous ne savions rien de lui et nous ne pouvions vérifier la véracité de son récit ; nous avions donc naturellement quelques craintes pour la sécurité de notre famille. Que fallait-il faire ? Appeler ses parents ? La police ? Le renvoyer ?

En discutant avec lui, je constatai qu'Etienne était très attentif à chaque mot que je prononçais et me regardait d'un œil d'aigle. Le garçon avait un an de moins qu'Etienne et je suppose que mon fils avait de la compassion pour lui. Etienne voyait dans cette situation un test de mon amour et de ma sollicitude envers autrui. Nous décidâmes de l'autoriser à rester. Deux jours plus tard, le garçon voulut rentrer chez ses parents et prit un bus en destination de sa ville natale. Je suis persuadé que ma crédibilité en matière d'amour honnête aurait été sérieusement ébranlée aux yeux de mon fils si je n'avais pas fait preuve d'intérêt et aidé cet adolescent désorienté.

COMMUNIQUER HONNÊTEMENT

Le fils d'un pasteur d'une grande ville de l'ouest passa des examens d'entrée à une grande université. Ses notes ne suffirent pas à l'admission et il s'engagea dans l'Armée de l'Air. Son père lui recommanda de dire aux gens qu'il avait décidé de faire son service militaire avant de commencer ses études, sous-entendant qu'il aurait pu aller d'abord à l'uni-

versité, mais n'avait pas fait ce choix. Son père donna la
même explication à tout son entourage pour éviter à la
famille l'embarras de l'échec. Plus tard, en activité dans
l'Armée de l'Air, son fils éprouva de grandes difficultés
spirituelles et sa vie commença à se désagréger. Il se peut que
nombre de ses difficultés ait été liées à cette duperie, et à
d'autres exemples de ce type, de la part de ses parents. Un tel
comportement parental ne pouvait être d'aucune aide, mais
allait fatalement créer un sentiment de culpabilité et des
problèmes de conscience.

Même si vous ne mentez jamais de façon flagrante (et si
vous n'encouragez pas vos enfants à le faire), considérez dans
quelle mesure vous êtes réellement honnête dans vos communications. Tenez-vous scrupuleusement vos promesses ? Votre
conversation est-elle pimentée d'exagérations et de demi-
vérités ? Etes-vous trop bavard ? Savez-vous reconnaître vos
erreurs ?

Les promesses

Pour le quinzième anniversaire de ma fille, je lui promis un
séjour de ski à Aspen, dans le Colorado, lieu où habite son
chanteur favori John Denver. Mais durant le mois et demi
précédent la fin de la saison de ski, je n'arrivai pas à tenir ma
promesse, malgré les rappels fréquents de Cathie. Pendant
l'été et l'automne suivants, elle me le rappela au moins une
fois par mois et me mit chaque fois au défi d'honorer ma
promesse la saison suivante. Bientôt se trouva posée la
question de l'honnêteté de mon intention. La question ne fut
définitivement réglée que lorsque finalement nous partîmes
faire du ski bien que ce fut dans une station plus proche de
notre ville.

Les enfants attachent une grande importance aux
promesses. Peu importe qu'elles soient grandes ou petites ; les
mots « Mais papa, tu m'as promis ! » révèlent l'intensité du
sentiment et de l'attente dans le cœur d'un enfant. Ils
n'arrivent pas à comprendre les promesses vaines et les
affirmations faites à la légère.

En tant que parents, nous insistons constamment pour
que nos enfants tiennent leurs promesses à notre égard. Qu'y
a-t-il d'étonnant à ce qu'ils s'attendent à la même chose de
notre part ? S'ils ne peuvent nous faire confiance dans les
petits aspects de notre relation personnelle avec eux,

comment pouvons-nous espérer qu'ils nous croient quand nous essayons de leur enseigner les vérités spirituelles et les valeurs morales ?

Les promesses ne sont pas seulement importantes pour les enfants. Notre conjoint a également grand besoin de voir que nous tenons nos engagements à son égard. Personnellement, je ne suis pas toujours ponctuel. Il arrive fréquemment que je charge trop mon emploi du temps de la journée, et il en résulte que je ne cesse d'accumuler les retards. Je dis souvent que je serai de retour à une certaine heure. Et il n'est pas rare que je ne tienne pas promesse. Non seulement cela irrite mon épouse, mais elle croit de moins en moins à mes engagements relatifs à l'horaire. J'ai fait quelques progrès, elle est devenue plus tolérante, mais pour elle j'ai gardé cette réputation. Cela a indiscutablement créé des conflits superflus au sein de notre couple. Bien que je n'aie pas l'*intention* de trahir mes promesses, cela m'arrive. Il me faut, soit renoncer à prévoir l'heure de ma rentrée, soit m'assurer de pouvoir être à l'heure. Ce n'est qu'une question de politesse et d'honnêteté, que tenir parole vis-à-vis d'elle.

Faites-vous des promesses à votre conjoint que vous ne tenez pas, ou ne pouvez pas tenir ? Votre parole est bien plus importante que ce que vous pouvez imaginer. Si vous ne pouvez pas tenir vos promesses, n'en faites pas ! Par contre, n'évitez pas toute promesse et tout engagement uniquement pour vous libérer de la possibilité d'échec !

Commérage

Le commérage est l'une des formes les plus nuisibles de communication malhonnête. Il se produit de deux façons, soit en racontant des mensonges ou en rapportant des ouï-dire, soit en disant la vérité tout en violant un secret ou une confidence.

A la maison, notre façon de parler d'autrui a une profonde influence sur nos enfants et notre conjoint. Une fille qui entend souvent sa mère maugréer au téléphone ne tardera pas à l'imiter. Le fils qui entend son père critiquer autrui, adoptera peu à peu la même attitude. A mesure que les enfants grandissent et réalisent qu'une grande partie de nos dires ne sont pas vérifiés, ils perdront le respect envers nous et nos opinions.

Les enfants sont très doués pour tirer des conclusions

hâtives des faits les plus anodins, les grossissant au-delà des limites de la réalité et jugeant sommairement les autres. La plupart des adultes peuvent percevoir les moments où les enfants forgent ces jugements rapides et ainsi remettre en question leur justice et modifier leur attitude. Mais comment conseiller honnêtement nos enfants si nous en faisons autant, bien que de façon beaucoup plus sophistiquée et voilée ? Ne nous leurrons pas, nos enfants ne sont pas aveugles à cette disparité. Paul nous donne de sages directives dans sa lettre aux chrétiens d'Ephèse : « Qu'il ne sorte de votre bouche aucune parole malsaine, mais s'il y a lieu, quelque bonne parole qui serve à l'édification nécessaire et communique une grâce à ceux qui l'entendent ». (Ephésiens 4 v. 29).

Excuses

L'un des événements les plus importants qui puisse se produire dans un foyer est qu'un parent reconnaisse ses torts, s'excuse et demande pardon à son fils ou à sa fille. Ma fille Catherine a l'habitude de dire dans un tel cas : « De toute façon, nul n'est parfait ! » C'est vrai, nul n'est parfait, mais nombreux sont ceux qui ne reconnaissent pas leurs fautes. Quand vous avez parlé avec colère avec votre fils ou votre fille, quand vous les avez accusés injustement, leur avez-vous jamais demandé pardon ? Vous devez le faire si vous voulez créer une communication honnête au sein de votre famille. Si vous leur demandez de reconnaître leurs torts et de s'excuser, ne devraient-ils pas s'attendre à la même chose de votre part ?

J'étais en voiture avec un ami, et l'un de ses enfants. Tandis que nous discutions du livre que Marie et moi avions écrit, son fils lui demanda : « Papa, as-tu lu ce livre ? » Mon ami répondit qu'il n'en avait lu qu'une partie. Un mois plus tard, il me téléphona pour me confesser que ce n'était pas vrai : il ne l'avait pas lu, mais il m'avait menti pour m'impressionner. Sa conscience ne lui laissa aucun répit jusqu'à ce qu'il fasse amende honorable à son fils et à moi-même. Pouvez-vous vous imaginer l'impact de cette excuse sur son enfant ? Loin de l'amener à mépriser son père, je pense que cela a servi à approfondir leur relation et à manifester l'honnêteté véritable.

Vous êtes-vous jamais excusé de quoi que ce soit envers l'un de vos enfants ? Sinon, il se peut que vous ayez à vous souvenir de trois ou quatre incidents passés, au sujet desquels vous devriez leur demander pardon. Aussi difficile que cela puisse paraître (surtout s'ils sont adolescents ou adultes), c'est peut-être indispensable pour commencer à développer la relation intime que vous avez toujours rêvé d'avoir avec vos enfants. Peut-être devez-vous en faire autant avec votre conjoint.

Nous avons désespérément besoin de cette communication honnête, car c'est le fondement de toute relation véritablement intime.

DÉVELOPPER L'HONNÊTETÉ
CHEZ NOS ENFANTS

Les enfants possèdent un sens très aigu de la justice, de l'équité et de l'honnêteté. Combien de fois les parents n'entendent-ils pas la plainte : « Ce n'est pas juste ! » Les enfants remarquent qui reçoit la plus grosse part de gâteau, ou le plus beau cadeau de Noël, ou davantage d'argent de poche. Ils voient également si nous, ou d'autres personnes, les traitons honnêtement dans tous les domaines. Que notre action soit véritablement honnête, équitable ou impartiale n'importe pas toujours, mais ce qu'ils en pensent s'imprègne profondément dans leur esprit et leur conscience.

Le besoin d'honnêteté des enfants est illustré par le serment : « Croix de bois, croix de fer, si je mens je vais en enfer. » Ils cherchent l'authenticité et l'honnêteté dans leurs relations, car cela leur donne l'assurance de savoir qu'ils peuvent faire confiance aux gens. Quand cette confiance est trahie, ils sont pris de soupçons qui déforment leur conception de la vérité, surtout lorsque la personne en question représente une autorité à qui l'on fait confiance, comme un parent ou un éducateur.

J'ai récemment emmené ma fille Catherine âgée de 13 ans, et sa meilleure amie, assister au concert de l'un de ses chanteurs favoris. Ce concert ayant lieu à 100 km de là, elle avait préparé la sortie longtemps à l'avance, prévoyant tous les détails depuis le temps de déplacement jusqu'à la file d'attente. Elle en parlait tous les jours avec l'anticipation passionnée que les adultes peuvent retrouver uniquement dans leurs souvenirs d'enfance. Nous prévoyions de partir

3 heures 1/2 à l'avance, de manger rapidement en route, de laisser la voiture sur le parking d'un grand stade de basket, de faire la queue, et aussi d'avoir une demi-heure le temps de trouver nos places.

Après notre arrivée, nous avons attendu avec plusieurs milliers d'adolescentes qui se tortillaient sur leur siège et gloussaient en attendant de voir leur idole en personne. Finalement, on baissa les lumières, ce qui déclencha des hurlements assourdissants exprimant la joie de la foule. Les projecteurs éclairèrent, la scène et quatre adolescents commencèrent à danser. Catherine s'empara de ma paire de jumelles en s'exclamant : « Mais où est donc ... ? » La vedette n'était pas là. Mais elle n'allait pas tarder, lui dit-on. Quinze minutes après, les autres chanteurs étaient toujours sur scène. Toujours pas de vedette ! Une demi-heure ... Les gosses commencèrent à la réclamer. Catherine et son amie en avaient assez : « C'est une escroquerie ! On a payé 8 dollars 25 la place et on nous montre ces clowns ! »

Après trois quarts d'heure leur irritation et leur déception ne cessaient de croître. Elles étaient scandalisées. Ce n'était pas juste !

Finalement la vedette fit son apparition. Elle chanta, le public cria et applaudit. Quarante-cinq minutes plus tard, elle disparut du podium, entourée de ses gardes du corps. Tout était fini.

Le voyage fut un succès sur toute la ligne ! Papa avait beaucoup remonté dans l'estime de Catherine ! Mais dans chaque description du concert, une chose subsistait : la première partie était un four. Elles étaient venues pour voir la vedette, et elle n'était pas là !

Comme Catherine et son amie n'avaient jamais assisté à un tel concert auparavant, elles ne savaient pas qu'en première partie passent souvent des inconnus. Mais cela leur importait peu. Leur sens de justice et de l'équité avait été froissé et elles allaient s'en souvenir longtemps. Elles avaient l'impression d'avoir été trompées.

C'est Dieu qui donne aux enfants ce profond sens de justice. Ce sens peut être soit développé, soit étouffé. Il faut que les parents fassent tout ce qui est possible pour utiliser ce don de Dieu pour éduquer leurs enfants à l'honnêteté. « Oriente le jeune garçon sur la voie qu'il doit suivre (Conformément à ses talents individuels). Même quand il sera vieux, il ne s'en écartera pas. (Proverbes 22 v. 6). L'enfant a un penchant vers l'honnêteté et la justice qui peut être développé et approfondi. Mais comment le faire de façon utile ?

Problèmes typiques liés à la malhonnêteté

Le *mensonge* constitue la forme de malhonnêteté la plus répandue chez les enfants. Ils peuvent mentir à propos d'une mauvaise action commise ou d'un acte de désobéissance délibéré. Le mensonge est un mécanisme de défense en vue d'éviter la punition ou de gagner l'acceptation. Lorsque l'enfant entre en âge scolaire, le mensonge peut devenir un mode de vie, si les parents n'ont pas établi de fermes principes d'honnêteté dans leur foyer. Durant l'adolescence, la malhonnêteté peut parfois devenir une tromperie délibérée.

La *tricherie* apparaît très tôt dans leur vie ; ils trichent en jouant ou en pratiquant un sport, afin de gagner. Là aussi, les habitudes prises durant la prime jeunesse posent les bases propices soit à la tricherie, soit à l'honnêteté ultérieures. Néanmoins, la pression du groupe ébranle souvent la meilleure des éducations. La tricherie à l'école est parfois si répandue qu'elle leur paraît normale. C'est simplement un moyen de réussir sans travailler durement.

L'éducation des jeunes enfants est la meilleure protection contre la tricherie. Une communication ouverte et une saine formation biblique peuvent établir chez les enfants et les adolescents des attitudes correctes à l'égard de la tricherie.

Le *vol* - davantage que le mensonge ou la tricherie - fait du mal à autrui. Quand l'une de nos filles était âgée de trois ans, elle prit une grande boule de bubble-gum dans le rayon de friandises de l'épicerie locale. Lorsque ma femme s'en rendit compte dans la voiture, elles eurent une longue conversation avant de retourner dans le magasin, notre fille s'excusa devant le vendeur et rendit sa friandise. Heureusement celle-ci était emballée dans du papier cellophane ! Le vendeur remercia notre fille et l'invita à ne plus jamais prendre quoi que ce soit à moins d'avoir payé ou demandé la permission. Elle était peut-être un peu jeune pour comprendre tout cela, mais à ma connaissance, elle n'a plus jamais rien volé.

Les enfants volent pour obtenir ce dont ils ont envie. Leur attitude à l'égard des biens d'autrui se forme très tôt dans la vie. Si on les laisse voler à cet âge-là, ils ne tarderont pas à considérer le vol comme un moyen facile de se procurer des choses.

Le vol est rarement lié à un besoin matériel, il relève plutôt d'une question de désirs. Pour certains enfants voler leur permet d'attirer l'attention de leurs parents, qui les avaient négligés auparavant. D'autres ont perdu le sens du bien et du mal et considèrent le vol comme un bien, à moins qu'ils ne se fassent prendre. Ces conceptions se forgent durant l'enfance, et subsistent pendant l'adolescence et l'âge adulte.

Les causes de la malhonnêteté

La malhonnêteté a de nombreuses racines, mais cinq d'entre elles sont prédominantes.

1. La *crainte* pousse les enfants, les adolescents et les adultes à mentir, tricher et voler. La simple peur de l'échec incite les gens à maquiller les faits ; la peur du châtiment incite les enfants à mentir pour éviter les conséquences de leurs méfaits. Le souvenir de punitions infligées injustement ou sans discernement suscite une véritable crainte dans leur cœur et leur esprit, et le mensonge constitue l'issue la plus facile. Plus tard, le mensonge devient un style de vie permettant de camoufler les erreurs. Mais la cause essentielle - même pour les adultes - est la crainte : crainte d'être découvert, crainte de la vérité, crainte du châtiment, crainte de perdre son emploi, crainte de l'orgueil brisé et de perdre la face.

Quelqu'un qui n'a jamais éprouvé la paralysie de la crainte ne peut imaginer l'emprise qu'elle exerce sur l'esprit et la volonté. Les parents qui punissent ou frappent sans discernement connaissent le regard de panique de leur enfant dès qu'ils lèvent seulement la main. Le souvenir des punitions passées provoque une terreur qui amène l'enfant à dire n'importe quoi pour éviter une nouvelle punition.

2. Une *éducation défaillante* à la maison produit des enfants qui ne font pas la différence entre le bien et le mal. Certains parents n'assument pas leurs responsabilités personnelles pour la formation de leurs enfants, en laissent le soin aux écoles, à la société ! Le problème est encore amplifié si les parents eux-mêmes n'ont pas de profondes convictions morales.

3. L'*exemple parental* est un meilleur outil pédagogique

que toutes les paroles du monde. Une association de parents d'élèves avait demandé à tous les parents de venir assister à une réunion spéciale, en apportant toutes les serviettes qu'ils avaient ramenées des hôtels du monde entier. On accrocha ces serviettes en rangées à l'avant de la salle : elles venaient de Hong Kong, du Japon, de l'Allemagne et de toutes les importantes chaînes d'hôtel internationales. L'orateur annonça ensuite le thème de la rencontre : « Comment Enseigner l'Honnêteté à Vos Enfants ». Personne ne récupéra ses serviettes après la réunion !

Si les parents agissent malhonnêtement ou traitent injustement leurs enfants, ceux-ci les imiteront forcément. L'exemple des frères et des sœurs, ainsi que de leur cercle d'amis, influe également sur les valeurs d'un enfant et façonne son caractère.

4. La *convoitise* pousse les gens à agir comme ils ne l'auraient jamais cru possible. La soif de biens matériels et la répugnance à travailler honnêtement les obligent à la pratique de la malhonnêteté et les soumettent constamment à la tentation. Les enfants qui grandissent dans des familles matérialistes, où la convoitise est ouverte et sans limites, ont ultérieurement du mal à vivre selon leurs moyens, et estiment mériter ce qu'ils désirent, les moyens de l'obtenir important peu.

5. Dans de rares cas, des *problèmes psychologiques* véritables sont à la source de comportements malhonnêtes. Quand cela se produit, il faut faire appel à l'aide compétente d'un conseiller qualifié. Le mensonge ou le vol pathologique ou impulsif diffère considérablement de la malhonnêteté typique des enfants, aussi bien au niveau de la fréquence, que de la capacité de changer. Si vous soupçonnez votre enfant d'être atteint de ce genre de problème, consultez immédiatement des personnes compétentes.

Développer l'honnêteté chez les enfants

La plupart des parents préfèrent la formation à la correction ... mais rares sont ceux qui le font ! Quand ils se rendent compte du besoin de formation, le temps de la correction est déjà venu !

Néanmoins, si nous nous engageons dans une formation préventive et positive des enfants en bas âge, nous pouvons éviter des mois et des années de soucis et de tensions.

L'éducation exige du temps, des efforts et de la sagesse. Elle oblige aussi les parents à avoir des convictions personnelles. Nul ne peut communiquer une chose à propos de laquelle il n'a, ni réfléchi, ni prié. Voici quelques suggestions pour le processus de formation qui permet de développer l'honnêteté chez l'enfant.

1. *Amenez votre enfant à Christ.* Toute l'éducation du monde ne peut remplacer le fondement adéquat de la vie. La parabole du sage et du fou racontée par Jésus Matthieu 7 v. 24-27 le révèle bien. L'insensé bâtit sa maison sur le sable : elle fut détruite par la pluie et les tempêtes. Le sage bâtit la sienne sur le roc, et elle résista. Jésus-Christ est le seul fondement sur lequel peut s'appuyer un caractère vrai. Nous ne pouvons pas enseigner l'honnêteté à nos enfants sans le fondement du salut. Il faut les mettre constamment en contact avec l'Evangile et prier qu'ils le comprennent, afin de recevoir Christ dans leur jeune vie.

L'une des plus grandes expériences que les parents puissent faire est de conduire personnellement leurs enfants au Seigneur. A partir de ce moment-là, les Ecritures et le plan de Dieu pour nos enfants constituent la référence et la base de notre enseignement. Si nous rencontrons de graves problèmes en matière d'honnêteté chez nos enfants, nous devons nous assurer qu'ils ont vraiment pris une décision personnelle dc devenir chrétien.

2. *Enseignez-leur les principes bibliques.* Quand les enfants sont jeunes, nous pouvons les forcer à obéir et à se plier en apparence, lorsqu'ils grandissent la vraie réponse à nos ordres et à nos requêtes doit venir de leur cœur. S'ils sont chrétiens, l'influence la plus décisive provient de la conviction intérieure forgée par les Ecritures et animée par l'Esprit de Dieu. Les principes humains ne suffisent pas. Seuls les principes bibliques ont la capacité de changer une vie.

Dès la petite enfance, nos enfants doivent commencer à apprendre les principes de conduite et d'honnêteté enseignés par la Bible, et nous devons répondre à leurs questions dans ce domaine par des vérités bibliques. Ils peuvent tirer d'excellents enseignements des récits consacrés aux personnages bibliques tels que le bon Samaritain (Luc 10 v. 25-37), Ananias et Saphira (Actes 5 v. 1-11), Philémon et Onésime (Philémon), David et Saül (1 Samuel 24) et Joseph (Genèse 39-41).

Apprendre par cœur des passages des Ecritures fait également partie des principes bibliques. Les enfants peuvent commencer par les versets sur le salut : Jean 3 v. 16, Romains 5 v. 8, Ephésiens 2 v. 8-9 et Romains 3 v. 23 et 6 v. 23. Puis ils peuvent passer aux versets sur le caractère : Ephésiens 4 v. 29, Ephésiens 4 v. 32, Romains 12 v. 17 et Luc 10 v. 27. Les Ecritures accompliront dans leur vie une œuvre dont leurs parents ne sont pas capables. « Car la Parole de Dieu est vivante et efficace, plus acérée qu'aucune épée à double tranchant ; elle pénètre jusqu'à la division de l'âme et de l'esprit, des jointures et des moelles ; elle est juge des sentiments et des pensées du cœur » (Hébreux 4 v. 12).

3. *Donnez-leur le bon exemple.* A côté de la Parole de Dieu, votre conduite en tant que parents peut être la meilleure influence pour la formation du caractère de vos enfants. Ils vous imitent beaucoup plus que vous ne croyez. Vous êtes-vous déjà demandé pourquoi un jeune agissait, parlait ou raisonnait d'une certaine façon ? En rencontrant son père ou sa mère, vous avez probablement reconnu les mêmes actes, paroles et idées. La perspective de notre influence a de quoi nous effrayer. Le pouvoir de notre exemple est impressionnant. Nos enfants deviennent ce que nous sommes ; aussi devons-nous veiller à ce que nos vies soient des exemples en matière d'honnêteté.

4. *Disciplinez-les de façon conséquente.* Il ne faut pas négliger la discipline dans la démarche complexe de l'éducation des enfants. Le mensonge, la tricherie et le vol méritent une punition. Néanmoins, une discipline efficace requiert de la fermeté, de la compassion et une réflexion approfondie. La plupart des enfants ressentent la gravité de leur faute et sont conscients du risque du châtiment. Mais ils ont aussi un sens aigu de la justice et de l'équité. Ils s'attendent à une discipline adaptée, lorsqu'elle est nécessaire. Si votre discipline est excessivement sévère ou ridiculement indulgente, vous risquez de les aigrir ou de les encourager à continuer dans la même voie. Notre discipline doit se fonder sur la compassion et la sollicitude, non sur l'ignorance et l'arbitraire. Elle doit être proportionnée à la faute, à l'âge de l'enfant, aux circonstances particulières et à la réaction de l'enfant face à la situation.

3. *Récompensez et encouragez l'honnêteté.* L'encouragement des actes honnêtes a un effet bien plus durable sur la vie de l'enfant que la punition de la malhonnêteté. Il faut saisir

chaque occasion pour favoriser l'honnêteté à tous les niveaux. Tout le monde - et les enfants en particulier - répond favorablement aux compliments et aux encouragements. Ceux-ci seront honnêtes si nous leurs montrons clairement que leur honnêteté nous plaît. Nous insistons fréquemment sur ce qui nous déplaît, mais nous restons muets quand ils font bien. Il faut que nous leur disions que nous apprécions ce qu'ils font, surtout s'ils sont honnêtes à leur désavantage apparent.

Parfois leur honnêteté pourrait donner lieu à une punition quand ils reconnaissent leurs torts. Leur sentiment de la justice de la l'équité leur dit qu'ils la méritent. Néanmoins, nous devrions alléger - voire parfois annuler - leur punition pour les récompenser de leur franchise.

Dans l'apprentissage de l'honnêteté à la maison, l'absence d'un élément risque tout particulièrement de détruire toute opportunité d'influencer vos enfants. Cet élément, c'est l'humilité personnelle devant vos enfants et votre conjoint, et la volonté à reconnaître vos torts. Comme je l'ai dit précédemment, il est essentiel d'admettre ses erreurs et de s'en excuser devant les enfants. L'une des déclarations les plus mémorables que vous pouvez leur faire, est par exemple de dire : « Mon fils, tu te souviens de ce que je t'ai dit l'autre jour pour expliquer pourquoi je ne pouvais pas t'accompagner au match ? Eh bien je t'ai menti. J'aurais pu venir avec toi. Tu me pardonnes ? » L'impact de cette confession est pour eux un meilleur moyen d'apprentissage que des années de formation théorique. Bien des fois j'ai dû avouer ma colère ou demander pardon à mes enfants pour avoir été trop sévère avec eux. Ce n'était pas facile. Rien ne nous est plus difficile que de dire : « J'ai eu tort : pardonne-moi ! » Avez-vous une confession à faire à votre conjoint ou à vos enfants ? Faites-la maintenant. Votre relation s'en trouvera immédiatement rétablie.

Faire face et répondre à la malhonnêteté

Malgré tous les ordres et conseils, il arrive que les enfants soient malhonnêtes. Notre réaction à leur malhonnêteté sera cruciale. Correctement résolue, la situation peut susciter la confiance et servir de leçon. Maladroitement traitée, elle les rendra amers et méfiants. La sagesse exige que nous adoptions une stratégie avant qu'un problème ne se pose. Voici quelques idées sur les initiatives à prendre.

1. *Informez-vous sur les faits.* Les accusations et les punitions injustes nuisent à notre crédibilité aux yeux des enfants. Considérons un exemple vraisemblable. Etienne revenait à la maison après une journée de travail chargée et énervante. Il poussa un soupir de soulagement en sortant de la voiture : enfin il était tranquille. Tout à coup, Mireille, sa fille de dix ans, sortit de la maison en courant et en sanglotant : « Richard m'a donné un coup de pied et m'a griffée ! » Il vit les douloureuses égratignures sur le bras de sa fille. Il fut pris de colère se précipita au premier étage et prit à partie son fils de douze ans.

« Alors, Richard, c'est ainsi que tu traites ta sœur ? »

« Papa, je n'ai pas ... »

« Qu'est-ce que tu n'as pas ! J'ai vu ses égratignures : c'est toi qui les lui a faites ? »

« Oui, mais ... »

« Rien du tout ! Tu mérites une bonne fessée. Ça t'apprendra à ne pas agir de la sorte ! »

Etienne lui administra une bonne correction et abandonna Richard en pleurs dans sa chambre.

Tandis qu'il redescendait sa femme lui demanda ce qui se passait. Il lui expliqua la situation et vit qu'elle n'était pas d'accord. Elle avait entendu une partie de l'altercation et se demandait s'il avait agi en connaissance de cause. Ils firent venir les deux enfants et constatèrent que les égratignures n'avaient pas été provoquées délibérément, mais accidentellement et que Mireille avait préalablement tiré Richard par les cheveux. Etienne se sentit mal à l'aise quand il réalisa qu'il avait tiré des conclusions trop hâtives et qu'il ne pouvait plus reprendre la correction. Il demanda pardon à Richard de ne pas l'avoir laissé s'expliquer, puis punit Mireille.

Nous agissons souvent sans disposer de suffisamment d'informations. Chaque fois que vous soupçonnez une malhonnêteté, soyez certains de connaître ce qui s'est réellement passé. Si votre enfant est en général honnête avec vous, il est possible de lui demander simplement des explications. Surtout pas de conclusions hâtives sous le coup de l'énervement. Ecoutez l'enfant avec patience et compréhension.

2. *Priez.* Avant de passer à quelque action, priez. C'est particulièrement important quand vos informations sont incomplètes ou invérifiables. Quand vous cherchez à définir

la punition ou la formation appropriée, demandez la sagesse à Dieu. Le Seigneur s'intéresse davantage au développement personnel et spirituel de l'enfant que n'importe quel parent. Nous avons grandement besoin de sa sagesse et de sa Parole : « Si quelqu'un d'entre vous manque de sagesse, qu'il la demande à Dieu, qui donne à tous libéralement et sans faire de reproche, et elle lui sera donnée » (Jacques 1 v. 5). Et où avons-nous davantage besoin de la sagesse de Dieu que dans l'éducation des enfants ? Priez en toutes circonstances et pour chaque enfant, car chaque circonstance et chaque enfant est unique et demande une considération spéciale.

3. *Donnez-leur la possibilité de s'expliquer et d'avouer.* La correction insiste souvent sur le côté punition plutôt que sur le côté prévention. Concentrons notre attention sur le développement de la personnalité de l'enfant, de sa volonté et de son désir de bien faire, et beaucoup de punitions pourront être évitées.

La confession et la repentance sont deux des concepts les plus importants à enseigner à l'enfant qui a péché, pour qu'il change durablement. Les fautes doivent être confessées à Dieu et aux parents : il faut que les enfants apprennent que le péché rompt leurs relations avec Dieu et autrui et que la confession les rétablit. « Si nous confessons nos péchés, il est fidèle et juste pour nous pardonner nos péchés et pour nous purifier de toute iniquité » (1 Jean 1 v. 9).

Apprenez à poser des questions avec douceur, sans insinuer la culpabilité. « Que penses-tu de ce que tu as dit à papa cet après-midi ? » « D'autres choses se sont-elles passées cet après-midi, auxquelles tu aurais pensé après notre conversation ? » « Tu as l'air un peu triste. Y a-t-il quelque chose qui te trouble ? » Quand les enfants se sentent coupables (surtout de tricherie et de vol), invitez-les à exprimer ce qu'ils ressentent : « Je sais que tu en as honte. Veux-tu qu'on en parle ? » « Je comprends que tu étais effrayé quand nous en avons discuté. Te sens-tu mieux maintenant ? »

Il faut parfois être direct et énergique, mais que cela arrive le plus rarement possible ! Parfois j'ai adressé la parole à mes enfants tel un procureur de la République ! Mais c'était injustifié. Les enfants ont besoin de l'amour de leurs parents et non pas des accusations d'un avocat !

La Parole de Dieu, le Saint-Esprit et leur conscience sont

les instruments que Dieu utilise pour convaincre les enfants de péché. Mais il faut leur laisser du temps ! Il faut être patient, prier et attendre que Dieu travaille dans leur cœur. Dans le domaine délicat et sensible de l'honnêteté, le caractère ne peut se développer instantanément à travers une simple punition. Laissons Dieu agir en son temps et se servir de nous dans sa démarche. Parallèlement à la confession, beaucoup d'enfants ont besoin d'expliquer pourquoi ils ont agi ainsi. Habituellement, nous les interrompons trop rapidement en disant : « Je ne veux pas d'excuses : dis-moi simplement la vérité. » Or, combien de choses pouvons-nous apprendre sur les pensées intimes de notre fils ou de notre fille en les écoutant patiemment ! Laissons-les finir leurs explications, sans les interrompre de manière impolie ! Leur sens de la justice et de l'équité leur dit qu'ils méritent une « audition » honnête. Avec les enfants plus âgés, il est souvent préférable d'écouter d'abord et de ne réagir qu'une ou deux heures plus tard, voire le lendemain. En écrivant ces lignes, j'éprouve un serrement de cœur et je regrette de ne pas avoir mieux suivi ce conseil. « Un frère offensé est pire qu'une ville forte » (Proverbes 18 v. 19). Spirituellement parlant, nos enfants sont nos frères et nos sœurs, et on peut les offenser. Parfois toute une vie ne suffit pas pour regagner leur affection.

4. *Attaquez-vous au problème, pas aux symptômes.* Puisque notre but n'est pas d'accuser, mais de transformer, il nous faut discerner les motivations aussi bien que les actes. Les actes sont visibles, mais les motivations doivent être discernées. La raison pour laquelle un enfant ou un adolescent ment, triche ou vole est plus importante que l'acte. Etait-ce par crainte, sous la pression du groupe, par convoitise, paresse ou rébellion ? Il vous faut généralement plusieurs incidents pour en saisir les motivations. Quand vous ne punissez que l'acte, souvenez-vous que vous n'avez pas réglé le véritable problème.

5. *Punissez quand l'enfant le mérite.* Une petite fille avait commis un vol semblable à celui de notre propre fille. Sa mère alla trouver le responsable du magasin et lui expliqua ce qui s'était passé. Celui-ci vit les larmes sur le visage de la petite fille quand elle lui rendit les friandises. Il déclara : « Ne t'en fais, ce n'est pas grave. » Lorsque la mère protesta, le responsable insista sur le fait qu'il n'y avait pas de problème.

Finalement elle s'adressa au directeur : « Ne dites pas que ce n'est pas grave : elle a volé, et il faut que je lui montre qu'elle n'en a pas le droit ! »

La punition et la restitution doivent faire partie du processus de formation pour tous les âges. Parfois une discussion sérieuse et une punition verbale suffisent. Mais fréquemment, pour les enfants plus jeunes, la punition doit être physique. Quant aux plus âgés, il vaut mieux les priver de certains privilèges. La restitution est souvent la punition la plus efficace : elle est embarrassante et humiliante, elle leur laisse une impression mémorable.

Quoi qu'ils fassent, les parents doivent être conscients de la nécessité de la punition. « Parce qu'une sentence contre une mauvaise action n'est point exécutée promptement, le cœur des humains au-dedans d'eux est rempli du désir de faire le mal » (Ecclésiaste 8 v. 11). Voici quelques conseils concrets relatifs aux punitions.

- La punition doit être proportionnelle au délit. Ne soyez pas trop sévère pour des bagatelles.
- Soyez conséquent dans vos réactions. Si la punition et sa sévérité dépendent de votre humeur, vous troublez votre enfant.
- Si le châtiment corporel (la fessée) s'impose, veillez à ne pas trop faire souffrir l'enfant. A mesure que ce dernier grandit, appuyez-vous davantage sur la persuasion et l'influence.
- Ne punissez jamais quand vous êtes en colère.
- Traitez tous vos enfants de la même façon.
- La châtiment verbal et physique doit être une affaire privée. La correction en public humilie et irrite l'enfant.
- Pendant la punition assurez votre enfant de votre amour.
- Veillez à ce que l'enfant comprenne pourquoi il est puni.

6. *Pardonnez-leur et rassurez-les.* Les enfants (comme les adultes) ont besoin de savoir qu'ils sont pardonnés. Nul ne peut vivre sous le poids de fautes non pardonnées. Jeunes enfants et adolescents doivent être rassurés à propos de l'amour et de la confiance de leurs parents, et ils doivent savoir que ceux-ci ne leur portent pas rancune.

Quand notre fils Etienne était en sixième, son directeur

d'école nous écrivit qu'on l'avait entendu prononcer certains jurons à l'égard d'un autre élève. Je discutai avec Etienne et il reconnut honnêtement ses torts, comme il le faisait toujours. Puis je lui affirmais que tout était fini et oublié. Néanmoins, la lettre du directeur était très humiliante pour lui : je pense qu'il aurait pu imaginer que j'allais la garder et la lui reprocher plus tard. Aussi l'emportai-je dans la cuisine et devant Etienne, je pris une allumette et y mis le feu. Les cendres étaient un témoignage éloquent de ce que l'incident avait eu lieu, mais qu'il était pardonné et oublié. Et Etienne ne recommença plus jamais.

Profitez de toutes les occasions pour enseigner et former vos enfants. Faire face et répondre à la malhonnêteté constitue certainement une occasion unique pour des parents compatissants d'éduquer leurs enfants. Ne manquons donc pas l'une de ces occasions les plus significatives que Dieu nous donne.

« Et vous, pères, n'irritez pas vos enfants, mais élevez-les en les corrigeant et en les avertissant selon le Seigneur » (Ephésiens 6 v. 4).

8

L'HONNÊTETÉ
DANS SES ÉTUDES

Dans la salle de classe, les bavardages laissèrent la place à quelques interjections nerveuses ou amusées tandis que le professeur distribuait les feuilles d'examen. Plusieurs étudiants consultèrent vite leurs notes ; d'autres tambourinèrent nerveusement avec leur crayon. La tension habituelle aux examens régnait dans la salle, s'accompagnant de paumes moites et de malaises intérieurs.

Le professeur donna quelques mots d'explication, puis sortit en laissant deux étudiants surveiller leurs condisciples et répondre aux questions. Sa sortie déclencha des soupirs de soulagement. On sortit ses notes, on ouvrit ses livres et des dizaines d'étudiants « pompèrent » sans aucune gêne.

Or, il y eut quelqu'un qui ne trouva pas cela normal et s'en offusqua. Ex-élève de l'Ecole de l'Air, il était obligé de suivre ce cours pour finir sa maîtrise. Pendant quatre années, on lui avait inculqué le code d'honneur de son Ecole.

Il finit par se lever et annonça à toute la classe : « Ce que vous faites est inacceptable ! C'est de la tricherie ! Je ne peux pas laisser passer ça : je vous promets d'en rendre compte au professeur ! »

Il s'assit aussi brusquement qu'il s'était levé. Toute la classe était stupéfiée, et une nouvelle vague de nervosité traversa la salle.

Après l'examen, plusieurs étudiants félicitèrent celui qui avait dit tout haut ce qu'ils pensaient tout bas : cette tricherie les choquait eux aussi, mais elle était si répandue qu'ils ne se sentaient pas le courage d'entreprendre quoi que ce soit.

L'étudiant dénonça effectivement le « pompage », les examens furent annulés et une nouvelle épreuve fut organisée. A quoi servit son initiative ? Elle ne fit pas cesser les tricheries du jour au lendemain, mais au moins avait-elle établi une nouvelle norme d'honnêteté.

D'autres eurent le courage d'agir selon leurs convictions à l'avenir, et l'étudiant lui-même était plus que jamais résolu à être intègre et éprouvait la paix qui découle d'une conscience tranquille.

La tricherie, à tous les niveaux scolaires et universitaires, est devenue si répandue que certains parents et enseignants ne s'en soucient plus.

D'autre part, les étudiants honnêtes sont de plus en plus tentés de se conformer à cette tendance. Le magazine Newsweek rapportait qu'une étude, faite à l'Université de Stanford, indiquait que 45 pour cent des étudiants « avaient commis au moins un acte de tricherie grave, comme par exemple un plagiat. » L'article citait le doyen de l'Université du Wisconsin, qui devait statuer chaque année sur 150 cas de mauvaise conduite et qui disait : « Si ce qu'on m'a dit est vrai, ce n'est que le sommet de l'iceberg ! »

Pendant six ans, j'ai enseigné à l'Ecole de l'Air. Les élèves de cette Ecole, tout comme ceux de l'Ecole Militaire de West Point sont obligés de souscrire à un code d'honneur qui déclare : « Je m'engage à ne pas mentir, tricher ou voler, et à ne pas tolérer ceux qui agissent ainsi. » Là comme ailleurs où existe un code d'honneur, il y a toujours eu des scandales. Or ce qu'on observe durant ces dernières années, c'est que ces « affaires » suscitent une levée de protestations contre les codes d'honneur. On prétend qu'il faut être tolérant, dénoncer un ami heurte le sentiment de justice de certains. Mais se pose la véritable question : est-il acceptable qu'on puisse « mentir, tricher et voler » en étant sûr de ne pas se faire prendre ?

Deux de ces scandales se sont produits à l'Ecole de l'Air pendant que j'y étais professeur, et m'ont permis de faire quelques observations. Tout découle du fait que nous avons essayé de greffer une morale chrétienne sur une société non-chrétienne.

Ces écoles n'ont guère changé, mais ce n'est pas le cas des étudiants qui les fréquentent. Ceux-ci sont le produit d'une société dans laquelle les normes d'honneur bibliques et l'intégrité morale ne sont pas tenues en haute estime. L'influence morale du christianisme a considérablement diminué durant ces dernières années, et il ne faut pas s'attendre à ce que ceux qui grandissent dans un environnement social, où la tricherie est jugée acceptable, changent du jour au lendemain, quand on leur demande d'adhérer à un code d'honneur.

La quasi-impossibilité d'exiger l'honnêteté de la part d'une société qui a perdu ses fondements chrétiens a été mise en lumière par une étude de 1975 sur l'Ecole Militaire de West Point. Son code d'honneur y est décrit comme « exigeant ingénument un niveau de comportement humain inaccessible ». Un étudiant diplômé de cette école déclarait cependant : « Bien entendu, il est très délicat de concilier un code absolu avec un monde imparfait. Néanmoins, le code d'honneur de West Point continue de reposer sur le principe fondamental, selon lequel seul un profond respect pour ces normes absolues d'honnêteté peut préparer les hommes à prendre des décisions capitales. Bref, il faut connaître ces principes d'honnêteté pour les appliquer pratiquement dans le monde réel ... Le développement d'un jugement solide passe par l'application du code d'honneur de West Point. » L'auteur de l'étude souscrit à cette affirmation : « Le code d'honneur idéaliste de West Point doit être conservé, mais il faut reconnaître que c'est un objectif plutôt qu'une réalité. »

Pourtant, pour le chrétien, l'existence d'une société imparfaite – voire immorale – n'est jamais une excuse pour la malhonnêteté. L'une des vérités centrales de la Bible, c'est que le chrétien est entouré de forces qui voudraient l'amener à se conformer à son entourage, mais qu'il doit obéir à Dieu quel qu'en soit le coût ou les conséquences. « N'aimez pas le monde », écrit l'apôtre Jean. « Le monde passe, et sa convoitise aussi ; mais celui qui fait la volonté de Dieu demeure éternellement » (1 Jean 2 v. 15, 17).

Le chrétien vit selon un ordre moral différent : celui de Dieu. Les lois de l'Ancien Testament relatives à la tromperie et au vol sont renforcées dans le Nouveau Testament par la loi d'amour du Christ, et par des instructions précises pour une conduite honnête.

Comment les étudiants chrétiens peuvent-ils résister aux pressions et à la tentation de tricher ? Il ne suffit pas de dire : « Ne trichez pas ! » Pour avoir des convictions personnelles à ce niveau, nous devons comprendre ce qui motive la tricherie et trouver des raisons pour ne pas agir ainsi.

POURQUOI LES ÉTUDIANTS TRICHENT-ILS ?

Les gens ne trichent pas parce qu'il croient que cela est juste. En fait, la plupart savent instinctivement que c'est « mal ». Ils n'ont même pas envie de tricher, mais ils le font quand même. Pourquoi ?

Les pressions de la société

Dans une société où même nos responsables politiques mentent et trichent, faut-il s'étonner que les étudiants ne prennent pas nos interdictions au sérieux ? Aucun jeune qui réfléchit n'est aveugle à l'hypocrisie publique et privée de nombreux responsables politiques. Leur « exemple » ne peut être effacé par le meilleur programme pédagogique.

Les émissions de télévision présentent aussi bon nombre de héros qui mentent pour arriver à leurs fins. J'ai récemment assisté à une comédie légère dans laquelle le personnage principal était un jeune détective dans le vent. Je me suis bien amusé... jusqu'au moment où je me suis rendu compte que dans chacun de ses interrogatoires, il mentait pour obtenir des informations. La morale implicite du film était : la fin justifie les moyens ; cet enseignement erroné était habilement camouflé par l'humour du propos.

Quand un jeune voit ses parents, ses responsables politiques, et d'autres adultes mettre en pratique ce type de philosophie, il ne tarde pas à en faire autant. Ce « lavage de cerveau » très efficace l'empêche de voir, qu'en fin de compte, la malhonnêteté mène à l'échec.

La pression de la réussite et des bonnes notes

Nous vivons dans un monde orienté vers le rendement et la réussite. On nous juge d'après ce que nous faisons et non d'après ce que nous sommes. On nous félicite pour nos efforts et pour nos résultats. Les notes sont le critère suprême du niveau de l'étudiant, et puisqu'elles déterminent sa valeur, il est très tenté de croire que n'importe quel moyen qui lui garantit de bonnes notes est justifié.

La plupart d'entre nous se rendent compte de cette pression. Et bien que j'en aie conscience, je continue à attacher une importance excessive aux notes que reçoivent mes enfants plutôt que de voir s'ils apprennent bien en classe.

La plupart des parents d'adolescents sont rassurés aussi longtemps que leurs enfants ont des notes acceptables et ne se droguent pas.

Les notes constituent un critère d'instruction valable, mais ce n'est pas le critère suprême. Il faut que les parents adoptent une saine attitude à cet égard et ne soumettent pas leurs enfants à des pressions de surpassement.

Ces pressions s'exercent surtout sur les étudiants qui veulent entrer dans des Ecoles Supérieures, ou une université, pratiquant une sélection sur dossier.

Certains sont tellement obsédés par la réussite qu'ils sont très tentés de tricher pour avoir de bonnes notes, surtout si leurs camarades en font autant. On peut surmonter cette pression par un travail honnête et une juste perspective de ses études.

La paresse

Souvent, les étudiants trichent simplement par paresse. Ils veulent obtenir le diplôme, mais n'ont pas envie de travailler pour cela. « Après tout, on ne fait pas que travailler à la fac », disent-ils.

Les Ecritures nous mettent clairement en garde contre la paresse. Salomon a écrit : « J'ai passé près du champ de quelqu'un de paresseux, et près de la vigne d'un homme dépourvu de sens. Et voici : les orties y poussaient partout, les mauvaises herbes en couvraient la surface, et son mur de pierres était abattu. J'ai regardé d'un cœur attentif. J'ai vu, j'en ai tiré instruction. Un peu de sommeil, un peu d'assoupissement, un peu croiser les mains en te couchant !... Et la pauvreté te surprendra en rôdant, et la disette comme un homme en armes » (Proverbes 24 v. 30-34).

La tricherie est une circonstance aggravante du péché de paresse. Il en résulte l'échec et la perte de la bénédiction divine.

La pression du groupe

Le besoin de se conformer à nos collègues est encore plus fort que la pression qu'exerce la société dans son ensemble et l'obligation de réussir. Presque aucun étudiant ne commence ses études en étant résolu à tricher. Mais voyant ses condisciples tricher et se moquer de l'honnêteté de certains, sous la pression des circonstances et quand il y est acculé, il triche une première fois, puis prend le pli, non par préméditation, mais faute de reconnaître la pression et d'y résister.

Eviter l'échec

La peur de l'échec est l'un des facteurs les plus importants qui amène les gens à transgresser leur conscience et à transiger avec leurs principes. L'échec fait partie de la vie : chacun le rencontre tôt ou tard, et il n'est jamais agréable. L'échec est difficile à accepter, humilie et coûte. Mais il n'est jamais définitif : il fait partie du délicat processus de la croissance et du développement personnel.

Les grands succès sont souvent précédés de graves échecs. Dans son enfance, Albert Einstein apprenait si lentement à parler que ses parents le crurent anormal. Ses professeurs le trouvaient inadapté et ses camarades l'évitaient. Il échoua à son premier examen d'entrée à l'université. Cela ne l'a pas empêché de devenir l'un des plus grands savants au monde.

A l'école, on raille l'échec et on loue le succès. Une vue équilibrée de l'échec aidera l'étudiant à ne pas tricher quand les pressions l'y invitent.

Quand vous échouez, procédez comme suit :

1. *Assumez la responsabilité de l'échec.* Ne blâmez pas le système, le patron, le professeur ou quelqu'un d'autre. L'échec est votre responsabilité personnelle. Reconnaissez votre erreur et partez de là.

2. *Analysez le pourquoi de votre échec.* Nombreux sont ceux qui réagissent à l'échec par la déprime. Au lieu de vous prendre en pitié, analysez pourquoi vous avez échoué. Etait-ce par manque de discipline ? Une simple erreur ? Des compétences insuffisantes ? Notez tous les faits sur un papier et tirez des conclusions raisonnables.

3. *Regardez en avant et non en arrière.* Ne vivez pas dans le passé. Tirez-en des leçons, mais n'y prenez pas racine. L'inventeur Charles Kettering a dit : « Je m'intéresse à l'avenir parce que je vais y passer le restant de ma vie. » Apprenez tout ce que vous pouvez de votre échec, puis bâtissez votre avenir. Paul a déclaré : « Je sais une chose : oubliant ce qui est en arrière et tendant vers ce qui est en avant, je cours vers le but pour obtenir le prix de la vocation céleste de Dieu en Jésus-Christ » (Philippiens 3 v. 13-14).

4. *Rappelez-vous que Dieu est souverain.* Dans l'échec, vous êtes parfois tenté de douter de la bonté de Dieu, mais

dans sa souveraineté, il agit toujours en notre faveur. Même si vous ne voyez rien de positif dans un échec dont vous êtes responsable, soyez assuré que le Seigneur est à l'œuvre dans votre vie pour approfondir votre caractère et vous diriger dans sa volonté parfaite.

A mon entrée dans l'Armée de l'Air, j'avais pour objectif de devenir pilote. J'allais achever ma formation de pilote et je me débrouillais bien. Un jour, j'ai échoué à un vol d'essai, et quelques jours plus tard, j'ai été exclu du programme de formation, sans que l'on me laisse une seconde chance. J'avais échoué. J'étais blessé dans mon orgueil, mon moi était ébranlé, toute l'affaire me laissait perplexe. Pourtant je savais que Dieu maîtrisait la situation et allait me conduire.

Plus tard, sans que je demande quoi que ce soit, on m'a muté à Cap Canaveral et j'ai participé au programme spatial. Toute la direction de ma vie et de ma carrière a été changée suite à cet échec.

Quand je regarde en arrière, je vois la main de Dieu dans tous ces événements. J'avais des besoins personnels et Dieu essayait d'attirer mon attention. Dans Sa souveraineté, il m'a conduit vers un avenir et une carrière dont je n'osais pas rêver !

Mais tout cela avait commencé par un échec !

Dans l'Ancien Testament, nous voyons que la vie d'adulte de Joseph n'était qu'une série d'échecs apparents jusqu'au moment où l'Eternel lui accorda un succès et un honneur remarquables (voir Genèse 37 v. 39-41). Moïse également échoua la première fois qu'il essaya de s'occuper d'Israël (Exode 5). Ilka Chase a dit : « Les seules personnes qui n'échouent jamais sont celles qui ne tentent rien. »

D'autre part, Charles Kettering affirme : « Toute la recherche se compose de 99 pour cent d'échecs, et si vous réussissez une fois, vous touchez le gros lot. Si nous voulons progresser dans n'importe quel domaine, il faut que nous apprenions à échouer intelligemment pour que nous ne soyons pas découragés devant les 99 pour cent d'échecs. »

L'échec se révèle plus bénéfique que le succès remporté par une tricherie ou une tromperie. Vous risquez de passer à côté des plus grandes leçons de votre vie en trichant pour éviter l'échec.

DE BONNES RAISONS
POUR NE PAS TRICHER

On transgresse des commandements bibliques

La première raison qui doit nous empêcher de tricher, est qu'on transgresse ainsi les commandements des Ecritures. Tricher équivaut à dire que l'examen, le devoir en question, est le fruit de nos propres efforts conformes au règlement en vigueur. C'est donc une forme directe de mensonge qui est interdit par la Bible (voir Colossiens 3 v. 9).

Les Ecritures nous donnent aussi des illustrations sur les conséquences du mensonge. Dans l'Eglise du Nouveau Testament, Ananias et Saphira ont triché en voulant faire croire qu'ils avaient versé toute la recette de la vente d'une de leurs propriétés. L'un et l'autre furent foudroyés suite à leur tromperie (Actes 5 v. 1-11).

Dans sa jeunesse, Jacob priva son frère de l'héritage par la fraude et trompa son père (Genèse 27). Plus tard dans sa propre famille, son épouse favorite fut jalouse de lui (Genèse 30 v. 1), son fils préféré fut haï de ses frères (Genèse 37 v. 3-4), qui le vendirent par la suite en esclavage à des étrangers, un profond sujet de tristesse pour Jacob (Genèse 37 v. 34). Finalement, c'est lui qui mena Israël vers l'esclavage en Egypte (Genèse 46). Dieu bénit Jacob à cause de son alliance avec lui, mais la vie du patriarche fut des plus misérables.

La tricherie ne paie pas. Nous pouvons aussi faire tomber la tricherie scolaire sous le coup des déclarations bibliques sur la tromperie (Ephésiens 4 v. 22), la fausseté (Ephésiens 4 v. 25 ; Proverbes 20 v. 17) et le vol : elle revient en fait à usurper malhonnêtement la position d'un autre dans un système de notation. La gravité dépend des circonstances.

Notre conscience ne l'accepte pas

Quand nous trichons, notre conscience nous accuse, et si nous ne reconnaissons pas nos torts, si nous poursuivons dans cette voie, nous devenons progressivement insensible à sa voix. Mais même alors, la conscience du chrétien ne le laissera pas tranquille et l'empêchera de trouver la paix.

La volonté et la conscience ont besoin d'être développées au niveau des « petites » tricheries, pour être prêtes dans les grandes occasions. Si nous trichons pendant nos études, nous risquons de tricher plus tard dans la vie : dans notre mariage, au travail, dans nos amitiés et notre relation personnelle avec Dieu.

Elle nuit à notre intégrité et à notre crédibilité personnelle

En-dehors de notre salut personnel, il n'y a presque rien de plus important qu'être intègre et digne de confiance. Ces qualités ne s'achètent pas, et on peut dire de celui qui les possède : « Il mérite notre confiance, il est un homme de parole, il agit toujours correctement, il ne triche pas. » C'est un homme entier dans ce qu'il est et ce qu'il fait. Une personne intègre n'a pas besoin d'excuses ; elle est comme Nathanaël, dont Jésus disait qu'il y avait pas de fraude en lui (Jean 1 v. 47).

Si quelqu'un perd son intégrité personnelle, il met des années à la retrouver. Or, le nombre de chrétiens qui ont perdu leur réputation d'intégrité est effarant ; cela a souvent commencé par de petites indiscrétions et des actes impulsifs. La plupart d'entre eux auraient certainement surmonté cette tentation s'ils s'étaient rendus compte des conséquences de ces « bagatelles ».

Même si notre tricherie n'est pas découverte par autrui, nous en avons conscience et nous perdons le respect de nous-mêmes. Il faut que nous nous demandions : « Tel que je me connais, est-ce que je me ferais confiance ? » Ce que nous sommes en privé, et que les autres voient rarement, c'est cela notre moi véritable.

Ne détruisez pas dans un moment de faiblesse ce qui nécessitera des années de reconstruction. Une réputation d'intégrité personnelle vous servira mieux et plus longtemps que n'importe quel résultat obtenu par la fraude, et de plus, elle vous permettra de vivre en paix avec vous-mêmes. Risquer tout cela pour un examen ou une bonne note, c'est de la pure folie !

Elle crée de mauvaises habitudes

Nos habitudes et notre style de vie ne changent guère par rapport aux années de formation passées au lycée et à l'université. Si pendant vos études, vous décidez de tourner le système, de défier les codes de conduite et de transgresser les règlements, vous suivrez probablement la même voie dans votre profession et votre famille. Les actes moraux actuels auront des incidences sur l'avenir. Les habitudes d'étudiant, vous pouvez les garder pendant toute votre vie. Si vous trichez aux examens, vous risquez d'escroquer votre compagnie, de tromper votre femme, vos enfants et vos amis. Les habitudes ont la vie dure. Les styles de vie et de travail restent en grande partie inchangés durant notre vie adulte. Ainsi, les habitudes prises dans notre jeunesse vont probablement subsister ... jusqu'à ce que vous vous fassiez prendre ou que vous échouiez.

Paul déclare que les personnes qui sont spirituellement aptes à être des responsables chrétiens doivent être « irréprochables ... Il faut aussi qu'il reçoive un bon témoignage de ceux du dehors ... Les diacres doivent être ... éloignés de la duplicité » (1 Timothée 3 v. 2-8). Bien entendu, la tricherie empêche les gens de répondre à ces critères. Les étudiants devraient jalousement préserver leur réputation en la fondant sur de bonnes habitudes et sur un comportement inspiré de Dieu.

Elle passe à côté des buts de l'enseignement

Tout le monde reconnaît que les résultats des examens et les notes ne reflètent pas toujours le niveau de connaissances véritable. Certains pédagogues estiment qu'ils vont à l'encontre du but recherché. Mais que les examens et le système traditionnel de notation soient valables ou non, la tricherie ne permettra certainement pas d'atteindre ce but ! Elle ridiculise la tentative de mesure des connaissances d'une personne dans une discipline donnée.

L'objectif de l'étudiant est d'apprendre. L'objectif des examens et des notes est de mesurer les connaissances. Donc, c'est l'instruction, et non les notes, qui devrait être l'objectif de l'étudiant chrétien. Nous pouvons faire campagne en faveur d'un meilleur enseignement, d'examens plus justes et d'autres réformes, mais de façon honnête et constructive. La tricherie, sous n'importe quelle forme, ne peut améliorer l'enseignement. Elle est nuisible et dessert nos propres intérêts.

Le non-chrétien peut dire qu'en trichant il échappe à un système injuste pour atteindre ses objectifs personnels. Ceci est impossible au chrétien : il faut qu'il ait des objectifs plus élevés, et adopte des méthodes honnêtes pour garder un bon témoignage et influencer la société et l'enseignement.

COMMENT SE GARDER DE TRICHER

Quand la société nous incite à réussir coûte que coûte, il faut que nous apprenions à résister à la tentation de la tricherie. Les suggestions suivantes peuvent servir de directives pour la prise de décisions adéquates.

Fixez-vous des normes personnelles
Fixez-vous des normes personnelles d'honnêteté. Etudiez les passages bibliques sur les thèmes de l'honnêteté, du mensonge et de la tromperie ; mettez noir sur blanc vos convictions. Déterminez à l'avance ce que vous allez faire quand vous êtes tenté, quelle que soit la pression des circonstances. Prenez position en faveur de l'intégrité.

Acceptez les conséquences de vos actes
La plupart des étudiants ne travaillent probablement pas avec autant de diligence qu'il faudrait. Une plus grande discipline personnelle est une affaire de temps et de croissance, mais pour l'heure, il importe de se résoudre à accepter les conséquences de ses actes. Si vous n'étudiez pas, comptez sur l'échec. Si vous attendez jusqu'à la dernière minute pour faire vos dissertations, écrivez ce que vous pouvez et ne recourez pas au plagiat. Rappelez-vous : « Ce qu'un homme aura semé, il le récoltera aussi » (Galates 6 v. 7). Ne soyez pas tenté de tricher par manque de diligence ou de discipline. Assumez les fruits naturels de vos actes.

Apprenez la discipline
Chacun a tôt ou tard besoin de discipline. Soit il se l'impose à lui-même, soit elle lui est imposée de l'extérieur. Une personne disciplinée n'a pas besoin de tricher, car elle est maîtresse de sa vie et reconnaît le danger de la tentation.
La discipline personnelle permet aux désirs et aux objectifs de devenir réalité, et constitue la marque fondamentale du disciple. La discipline de l'esprit et du corps est l'essence même de l'apprentissage. C'est le trait caracté-

ristique-clé qui vous permettra de respecter les normes que vous vous êtes fixées.

Ne permettez pas à vos condisciples de vous influencer

La pression exercée par notre entourage nous amène à faire beaucoup de choses que nous ne ferions pas seuls. Nous disons et faisons des choses contre notre gré. L'influence des amis et des condisciples nous semblent parfois irrésistible. Quand cela se produit, vous pensez peut-être qu'il est préférable de quitter votre entourage. Souvent il vaut mieux rester et l'influencer, mais parfois ce n'est pas la bonne solution. Paul déclare : « Ne vous y trompez pas : les mauvaises compagnies corrompent les bonnes mœurs » (1 Corinthiens 15 v. 33). Il est quelquefois préférable de sortir d'une situation qui créé la pression pour maîtriser nos propres actes. Quand les autres prennent des décisions à votre place, ils ont une emprise sur vous.

Calculez le prix

Chaque fois que vous êtes tenté de tricher, consacrez quelques minutes à en calculer le coût. Qu'en tirerez-vous ? Une meilleure note (peut-être), quelques heures de sommeil, une meilleure réputation ? Puis marquez ce que vous allez perdre : votre intégrité, une bonne conscience, une bonne réputation. Quand vous trichez, vous vous trompez vous-mêmes. C'est surtout à vous-mêmes que vous nuisez, en perdant le respect de vous-même et la paix du cœur. Le jeu en vaut-il la chandelle ?

Quelques minutes de réflexion et de prière à ce sujet peuvent vous économiser des mois et des années de dépit et de remords. Thomas Jefferson a dit : « Chaque fois que vous faites quelque chose, même si vous êtes le seul à être au courant, demandez-vous comment vous agiriez si le monde entier vous observait et agissez en conséquence. »

Et si vous avez triché ?

Peut-être avez-vous triché et êtes-vous convaincu de péché. Vous vous demandez quelle initiative adopter maintenant. Vous ne pouvez pas changer l'histoire, vous êtes obligé de vivre avec les conséquences de votre acte.

Quand j'étais en Inde, j'ai rencontré un jeune homme qui venait de passer ses examens de fin d'études. Le sytème universitaire indien suit grosso modo le système britannique, et son examen couvrait toutes ses études et allait décider s'il obtiendrait ou non son diplôme. Il le réussit, mais en trichant. La fraude était fréquente, car l'examen avait une telle importance. Or l'étudiant était chrétien et sa conscience commença à le troubler. Finalement, il alla trouver les autorités universitaires, leur expliqua qu'il avait fraudé et ne pouvait pas accepter son diplôme. Qu'auriez-vous fait à sa place ? Auriez-vous assumé le coût de vos actes, ou auriez-vous plutôt vécu avec votre mauvaise conscience ?

Il faut que tout un chacun cherche la volonté de Dieu pour sa situation particulière. Voici cependant quelques conseils sur la façon de procéder.

1. *Evaluez objectivement la situation.* La mémoire peut nous trahir à mesure que le temps passe. Les faits relatifs à un incident donné ne sont pas toujours clairs. Notez aussi précisément que possible ce qui s'est réellement passé, et soyez honnête à propos de votre tricherie.

2. *Confessez votre péché à Dieu.* Il se peut que cette fraude ait été un obstacle à votre relation avec le Seigneur depuis un moment. Confessez-lui simplement votre faute (voir 1 Jean 1 v. 9).

3. *Dans la mesure du possible, faites amende honorable.* Bien que cela puisse être difficile, assumez vos responsabilités. Il se peut que vous ayez à revoir un professeur ou même un directeur d'école. Allez les trouver en personne ou écrivez-leur. Soyez simple, précis et direct. Dites-leur que vous êtes chrétien et que c'est la raison pour laquelle vous voulez régler la situation.

Dans plusieurs cas, dont j'ai personnellement connaissance, la réaction à cette approche a été positive, et aucune suite punitive n'a été donnée. Dans quelques rares cas, l'élève en a sévèrement subi les conséquences.

Si vous avez triché avant de devenir chrétien, l'approche doit être différente. Peut-être que ces incidents ont été si nombreux qu'il faudrait contacter un doyen.

C'est peut-être délicat, mais une bonne conscience n'a pas de prix !

4. *Adoptez des normes nouvelles.* Il faut que vous décidiez d'éviter toute fraude à l'avenir. Cela vous coûtera des

efforts, surtout si la tricherie a été une habitude de longue date. Demandez à Dieu de vous aider à exercer la discipline requise.

Ce qui est en jeu, c'est l'honneur, l'intégrité, le respect de soi, et sans aucun doute, une bonne conscience devant Dieu. En dernière analyse, celui qui triche se retrouve perdant.

9

L'HONNÊTETÉ
DANS L'ÉGLISE

Pendant que le pasteur commençait son sermon, une certaine tension régnait dans l'église. Il était nerveux, mais parlait avec force et conviction. Il pesait chacun de ses mots, car il savait que des rumeurs circulaient dans la paroisse à propos des événements et des conflits de la semaine passée. Il voulait aborder de front les problèmes posés, mais comme il risquait de déchaîner des passions, il ne s'éloigna pas trop du texte du jour de peur d'être mal interprété.

Il ouvrit la Bible et lut gravement : « Heureux les artisans de paix ... »

Raymond était assis sur son banc, le regard fixe. Il se souvenait des événements du conseil paroissial du mercredi précédent. Il avait pris un air pincé quand ils avaient discuté de la décision d'acheter de nouveaux tableaux noirs pour les salles de catéchisme. Il s'était abstenu lors du vote, comme pour toutes les autres décisions financières prises durant ces huit dernières semaines. Son estomac faisait des nœuds pendant qu'il y réfléchissait.

Le pasteur poursuivit : « ... car ils seront appelés fils de Dieu. »

Les tableaux noirs étaient une bagatelle, mais la situation était devenue un sérieux problème entre lui, le pasteur et deux autres membres du Conseil. La discussion avait gardé un cours normal jusqu'à ce que Raymond exprime une idée qui lui tenait à cœur depuis longtemps : « Je ne pense pas que nous devrions dépenser de l'argent avant d'avoir constitué une réserve d'urgence dans le compte épargne de l'église ! »

Il s'ensuivit une discussion véhémente portant sur la foi et sur les finances. Le Conseil vota finalement la dépense malgré l'abstention de Raymond. Il se sentait trahi et incompris. Le pasteur essaya d'en discuter avec lui, mais

Raymond prétendit qu'il n'y avait pas de problème. Ensuite, durant les semaines qui suivirent, il avait déclaré à plusieurs personnes qu'il estimait que le Conseil de l'église était financièrement irresponsable et que Dieu n'allait pas bénir la paroisse. Le bruit se répandit vite, et il regretta sa déclaration. Il savait que son accusation n'était pas fondée, mais son orgueil ne lui permettait pas d'arranger la situation. Il savait aussi qu'il avait menti en affirmant au pasteur qu'il n'y avait pas de problème.»

Le prédicateur poursuivit : «Jésus était le plus grand artisan de paix. Il a fait le sacrifice suprême pour nous conférer la paix. Sommes-nous disposés à sacrifier ... ?»

Disposés ... Madame Durand rougit de colère. C'était le même mot que le pasteur avait utilisé hier quand elle était dans son bureau. Contre son gré, elle avait accepté de rencontrer Madame Brun. Depuis déjà six mois il y avait de l'animosité - et des propos déplacés - entre elles, si bien que leur différend affectait même la bonne relation de leurs conjoints, qui remontait à de nombreuses années. Toute l'église était au courant. Le pasteur leur déclara finalement qu'elles devaient avoir une confrontation et parvenir à une décision. Mais la rencontre fut une catastrophe : aucune ne voulut reconnaître ses torts.

«La condition essentielle pour être un artisan de paix», poursuivait le pasteur, «c'est d'être personnellement en paix avec Dieu. Bien des gens ... »

Jacques s'agitait sur son banc. Sa conscience le tourmentait une fois de plus. Il se demandait si le pasteur était au courant. Il avait de plus en plus de mal à enseigner le catéchisme et assister aux réunions du Conseil Paroissial le déprimait encore davantage. Depuis six mois, il vivait dans le péché. Il avait réussi à camoufler des transactions douteuses à son travail. Sa vie de couple s'éloignait insensiblement des normes bibliques et il soupçonnait sa femme d'avoir discuté de ces problèmes avec le pasteur et d'autres membres de l'église. Il savait que selon les Ecritures, il n'était pas apte à exercer des responsabilités spirituelles. Mais il ne supportait pas l'embarras de la démission de sa fonction d'enseignant et de conseiller. Il espérait néanmoins que la situation pourrait s'arranger, qu'il pourrait remettre sa vie en règle.

Et voilà ... Conflits, déformation de la vérité, commérage, et orgueil blessé troublent l'église. Des paroisses se divisent.

Des amitiés se déchirent. L'efficacité diminue. Le témoignage de l'église dans la ville en souffre. Et tout cela parce que nous n'avons pas appris à appliquer les principes de l'honnêteté dans le corps de Christ.

HONNÊTETÉ DANS LES RELATIONS

L'église, ce sont des personnes, non des programmes ; et ces personnes ne sont pas isolées mais en étroite relation les unes avec les autres. Le corps de Christ se compose de ces relations : leur absence divise les églises, brise les amitiés et détruit le témoignage chrétien dans le monde. La plupart des problèmes des églises résultent de mauvaises relations personnelles et spirituelles, et celles-ci sont souvent dues à un manque d'honnêteté.

La nécessité de normes d'éthique et de vérité dans ces relations ne peut jamais être assez soulignée. En dépit de force séminaires et sermons sur la vie de l'église, la communion fraternelle et la croissance spirituelle, c'est souvent à la base que le bât blesse : les relations honnêtes et ouvertes entre les chrétiens.

Principes de communication

Aucune relation n'est possible sans communication. L'un des critères d'une communication véritable est la fréquence du partage de pensées et de sentiments profonds. Une relation en perte de vitesse se caractérise par des propos tels que : « On ne prend même plus le temps de se parler » ou « nous n'avons plus de discussions approfondies. » On ne peut avoir une bonne relation avec autrui sans communiquer efficacement, sincèrement et franchement.

Les différents niveaux de communication ont été classés en cinq catégories :

Niveau 5 : *Clichés.* « Salut, comment ça va ? » « En forme ce matin ? » « Il fait beau, hein ? » Ces propos ne constituent pas une communication véritable, mais peuvent constituer un point de départ pour des niveaux plus élevés.

Niveau 4 : *Faits.* « J'ai peint ma clôture ce week-end. » « La grève des mineurs a cessé hier. » « Le patron pense que notre production est faible. » « Martine m'a dit que l'indice des prix a augmenté d'un pour cent le mois dernier. »

Niveau 3 : *Idées*. « Je pense que nous ferions mieux d'acheter une plus petite voiture. » « La semaine prochaine, j'envisage de ... » « Il me semble que la meilleure façon d'élever les jeunes enfants est ... »

Niveau 2 : *Sentiments*. « Je me suis mise en colère quand Jean m'a exposé ses projets sans me demander préalablement mon avis. » « Je suis découragé par mon travail. » « Ce qui est arrivé à Pierre était injuste et regrettable. »

Niveau 1 : *Total*. Ce niveau comprend tous les autres niveaux et dépend de la compréhension intuitive et de la sympathie qui transcendent les mots. Aucune relation ne peut être « totale » tout le temps : les autres niveaux de communication sont tout aussi nécessaires.

Des niveaux élevés de communication nécessitent des efforts et constituent un risque. Pourtant il faut aller de l'avant si nous voulons développer nos relations. A l'église surtout, nos contacts avec les autres sont souvent si brefs que nous devons faire des efforts supplémentaires.

Notre communication doit aussi se fonder sur la crédibilité découlant de l'honnêteté. L'adage « Dis ce que tu penses et pense ce que tu dis » est un bon conseil biblique. Paul écrivait : « C'est pourquoi, rejetez le mensonge et que chacun de vous parle avec vérité à son prochain ; car nous sommes membres les uns des autres » (Ephésiens 4 v. 25).

Les mots creux et les propos douteux échangés dimanche après dimanche dans nos églises pourraient faire un roman. Nous disons ce qui plaît, ou ce que les gens attendent de nous, plutôt que ce que nous pensons, croyons ou devons dire. Monsieur le pasteur, qu'est-ce que vous avez bien prêché ! » En êtes-vous convaincu ? « Salut Jacques. Ça va, le travail ? » Cela vous intéresse-t-il vraiment ?

L'honnêteté n'est pas la brusquerie ou l'absence de tact. Dire que la coiffure de Mme Dupont est ridicule ou que le chant du soliste ressemblait au hurlement d'un loup n'a rien d'édifiant ! L'honnêteté ne vous oblige pas non plus à confier vos pensées les plus intimes à tous ceux qui vous demandent comment vous allez. Elle consiste plutôt à dire des choses sensées, édifiantes et vraies.

Considérez les suggestions suivantes qui pourraient vous aider à communiquer de façon honnête et enrichissante.

1. *Demandez à Dieu de vous donner de bons motifs :* un intérêt sincère pour autrui. Parlez pour édifier et aider vos

semblables, et non pour attirer l'attention sur vous. Quelqu'un disait : « Il y a deux types de personnes : celles qui entrent dans une pièce et disent « Me voici ! », et celles qui entrent et disent « Ah, vous voilà ! » Paul recommandait : « Que chacun de vous, au lieu de considérer ses propres intérêts, considère aussi ceux des autres » (Philippiens 2 v. 4).

2. *Ecoutez les autres.* Les gens ont désespérément besoin d'être écoutés. L'écoute est le fondement de toute relation approfondie. Apprenez à écouter. Souvenez-vous du nom des gens.

3. *Evitez les plaisanteries excessives et les remarques cinglantes.* L'humour est valable, mais n'en abusez pas ! La plupart des gens se sentent mal à l'aise avec quelqu'un qui fait constamment des blagues, surtout si ce n'est pas du tout leur style. Certaines plaisanteries sont des formes d'humiliation camouflées et peuvent facilement blesser autrui. Veillez à ce que personne ne fasse les frais de votre humour !

4. *Apprenez à poser de bonnes questions.* Soyez attentif à ce qui arrive aux gens. Demandez-vous ce qui les intéresse, ce qui les fait réfléchir, et apprenez à leur poser des questions sur leurs préoccupations.

5. *Exprimez votre point de vue honnêtement, mais sans menaces.* Nous voulons exprimer sincèrement notre opinion, mais souvent nous le faisons de telle façon que toute opinion contraire constituerait une attaque personnelle contre nous. Apprenons à nous exprimer de façon sincère, mais paisible. Une personne dit : « Je ne suis pas d'accord. Notre église ne peut pas permettre à des non-chrétiens d'enseigner, dans n'importe quelle matière. » Une autre répondrait : « Je comprends ce que vous voulez dire, mais je ne suis pas tout à fait d'accord avec vous. Qu'est-ce que vous entendez exactement par là ? »

6. *Ne permettez pas à un désaccord de couper la communication.* Si vous êtes en désaccord avec quelqu'un, abordez avec lui d'autres sujets, élargissez votre champ de conversation. Le « mutisme » ne guérit jamais une relation et n'améliore jamais la situation.

Les relations spéciales dans l'église

La structure de l'église impose des exigences particulières à certaines relations. Il faudrait que les ecclésiastiques soient omniscients et omnipotents pour répondre à toutes les attentes. Les responsables de l'église - diacres, etc. – doivent être aussi bien au service de l'équipe pastorale que des paroissiens.

Or les ecclésiastiques ne sont pas différents de vous et moi au niveau de leur besoin et de leur désir de profondes relations personnelles avec certains amis. Bien entendu, leur temps est limité, mais ils sont souvent obligés d'avoir des relations et des communications étroites avec un grand nombre de gens, et fréquemment dans des situations explosives ou de crise.

Par conséquent, l'honnêteté dans l'église exige l'honnêteté envers le responsable de la paroisse.

Les suggestions suivantes pourront vous aider dans vos relations avec une équipe pastorale.

1. Comprenez que le pasteur et son épouse ont une vie privée. Ils ont besoin d'amitiés spéciales qui ne sont pas directement liées au fonctionnement de l'église. On critique souvent les pasteurs qui sont trop « liés » avec un autre couple, ce qui suscite jalousies, commérages et reproches. Bien que les chrétiens devraient être capables d'avoir de bonnes relations avec leurs frères et sœurs, nous savons tous qu'il y en a certains qui nous sont « naturellement » sympathiques. Soyons donc honnêtes. Accordez au pasteur le même privilège qu'à vous-même.

2. Prenez l'initiative dans vos relations avec lui : n'attendez pas qu'il fasse le premier pas, et ne le critiquez pas s'il ne vous contacte pas. Prenez soin de ne pas le monopoliser en public. Aidez-le à rencontrer de nouvelles personnes.

3. N'imposez pas des exigences et des devoirs excessifs à la femme du pasteur. C'est lui qui travaille pour l'église, non sa femme. Elle a sans doute besoin de le soutenir dans son ministère, mais son objectif essentiel est d'être une femme, une épouse et une mère qui plaît à Dieu.

4. Rappelez-vous que chaque pasteur a ses faiblesses et ses limites. L'un a d'excellentes relations avec sa paroisse, tout en étant un piètre prédicateur ou enseignant. L'autre est doué pour la gestion et l'organisation, mais pas dans d'autres domaines. Il ne faut pas que nous ayons des attentes irréalistes de la part de ceux qui nous dirigent spirituellement.

5. Exprimez vos critiques et faites vos suggestions en privé. Le pasteur est fréquemment le dernier à apprendre que quelqu'un n'est pas d'accord avec lui sur un certain point.

L'honnêteté biblique exige que nous partagions nos soucis et nos critiques directement avec la personne responsable de ce qui nous déplaît.

Faites part de vos préoccupations après y avoir sérieusement réfléchi, avant qu'une rancune ou une faille n'apparaisse, en étant disposé à écouter et à apprendre. Il se peut que le pasteur soit totalement inconscient du problème ou de la faute et ait simplement besoin d'informations pour se corriger.

6. Encouragez-le et faites-lui des compliments. Par exemple :

> Cher pasteur,
> Votre sermon de dimanche dernier était excellent. J'ai surtout apprécié votre insistance sur l'application personnelle de votre enseignement à notre vie. Poursuivez dans cette bonne voie. Je prie tous les jours pour vous. Merci !

L'effort supplémentaire requis pour écrire cette lettre vaut cent fois mieux que des remerciements formels prononcés à la sortie de l'église. Le pasteur a besoin d'encouragements personnels qui lui confirment qu'il fait du bon travail. Il entendra de toute façon les critiques. Encouragez-le honnêtement, car si plus tard vous avez une critique constructive à lui formuler, il sera plus réceptif.

7. Accordez-lui un soutien positif et honnête. Quand les autres se mettent à le critiquer, défendez-le sincèrement et invitez-les à s'adresser directement au pasteur plutôt que de parler derrière son dos. Les commérages et la calomnie détruisent la spiritualité de l'église ; ils ne sont ni spirituels, ni bibliques.

Examinons aussi la relation entre le pasteur, les autres responsables spirituels et les paroissiens. Les anciens, les diacres et les catéchistes devraient avoir de bons rapports avec l'équipe pastorale, les paroissiens et les uns avec les autres. Ces personnes se réunissent souvent en petit groupe, et bien que cela leur fournisse de bonnes occasions de nouer des relations plus intimes, ils abordent fréquemment des questions techniques qui ne leur laissent pas le temps de se connaître vraiment.

Au sein de toute direction collégiale, il y a des désaccords. En l'absence de relations personnelles étroites, ceux-ci peuvent créer des problèmes et des divisions. Quand la confiance mutuelle et l'amitié règnent, les différends deviennent une occasion d'apprendre et de mûrir quand on recherche ensemble la volonté de Dieu.

Les suggestions ci-dessous adressées aux responsables d'église ne sont pas exhaustives, mais soulignent certains points essentiels auxquels un responsable est confronté dans ses relations.

1. *Des relations honnêtes font intégralement partie de vos responsabilités.* Tout responsable doit être capable de nouer des relations avec autrui. Les différentes fonctions et postes sont sans signification si le responsable de la paroisse s'isole et évite les échanges honnêtes avec les membres de l'église à quelque niveau que ce soit. Les relations doivent être prises au sérieux !

2. *Nouez des amitiés honnêtes avec le pasteur et son équipe.* L'amitié franchit les fossés entre les opinions et les philosophies. « Avant tout, ayez les uns pour les autres un amour constant, car l'amour couvre une multitude de péchés (1 Pierre 4 v. 8).

L'amitié se fonde sur l'amour. Sondez et comprenez les sentiments de votre pasteur, sa manière de penser et ses projets.

3. *Soutenez honnêtement et positivement les décisions des responsables de votre église.* Vous n'aurez pas de mal à y souscrire si vous êtes totalement d'accord. Mais que se passe-t-il si vous êtes en désaccord ? Vous mettez-vous à bouder ? Semez-vous des graines de mécontentement dans l'espoir que le projet s'écroule comme un château de cartes ? Si tel est le cas, vous niez qu'un groupe de chrétiens puisse trouver collectivement la volonté de Dieu. Tel est l'objectif des décisions en commun : éviter les « one-man shows » (le vôtre ou celui d'un autre). Pour être honnête devant Dieu, il faut que vous soyez persuadé que la décision était la bonne. Soutenez-la à fond comme si c'était la vôtre. Soyez prêt à laisser Dieu diriger l'équipe, voire à changer vous-même d'avis.

4. *Apprenez à exprimer votre point de vue sans menacer personne.* Nous avons tous du mal à parler des domaines sur lesquels nous avons de fortes convictions, même si elles sont

dues à des préjugés ou à notre arrière-plan familial. Si nous gardons de bonnes relations au sein de notre groupe de responsables, nous pourrons exprimer nos points de vue, et les autres nous écouteront et nous comprendront. Nous leur permettrons aussi de ne pas accepter nos idées et de nous apprendre d'autre façons de penser et d'agir.

Evitez de parler par dépit ou par colère. Ces émotions nous placent dans une position de supériorité et provoquent des désaccords plutôt que de saines discussions. Comprenez vos réactions. Recherchez la persuasion plutôt que la confrontation. On ne peut pas contrarier et convaincre en même temps.

5. *Evitez la confrontation en groupe.* Il est humiliant et intimidant d'être confronté à quelqu'un devant un groupe. Discutez si possible en privé avant d'en parler au Conseil. Un bon responsable fait part de ses idées et de ses projets à un petit groupe avant de les soumettre à la discussion générale. Une personne qui est rabrouée ou humiliée en public peut en être très affectée. Il faut parfois des mois pour guérir les blessures. « Un frère offensé est pire qu'une ville forte » (Proverbes 18 v. 19).

6. *Soyez un filtre honnête et précis pour les pasteur et son équipe.* Les échos et l'information cherchés par l'équipe pastorale passent souvent par les responsables.

Les gens préfèrent parler aux responsables plutôt qu'au pasteur. Informez-vous sur ce que pensent les gens des affaires de l'église, et communiquer objectivement leur sentiment aux autres responsables et au pasteur.

7. *Soyez ouvert à tous les membres de l'église.* Il est facile de s'isoler dans un petit groupe d'amis. Mais les responsables devraient aller au-delà des gens qui leur sont immédiatement sympathiques : ils devraient apprendre à poser des questions aux gens et à voir dans quelle direction ils veulent s'engager.

Les conditions d'une bonne relation

Après une série de relations difficiles et quelques rebuffades subies de la part d'amis, certains se demandent : « Je n'arrive vraiment pas à me lier avec autrui, malgré tous mes efforts ». Nous pouvons cependant apprendre les caractéristiques de base qui sont requises pour avoir de bonnes relations. En voici quelques unes :

1. *Soyez disposé à apprendre.* Le plus grand obstacle à la croissance des relations personnelles est un esprit réfractaire à tout enseignement. Tout le monde a quelque chose à partager et veut être entendu et cru. Tout le monde sait quelque chose que vous ne savez pas.

Une personne qui « sait tout » est une barrière à la croissance et au développement de l'église. Celui qui a cessé d'apprendre commence à mourir intellectuellement et affectivement. « La voie de l'insensé est droite à ses yeux, mais celui qui écoute les conseils est sage » (Proverbes 12 v. 15).

Pourquoi cette répugnance à se laisser enseigner ? L'orgueil. Nous ne voulons pas reconnaître nos besoins et notre manque de connaissances. Celui qui apprend se place toujours en position d'infériorité. Jésus a dit : « Le disciple n'est pas plus que le maître » (Luc 6 v. 40).

Mais cette place ne nous intéresse pas. La caractéristique clef du disciple (dont découle d'ailleurs le sens du mot) est la capacité de se laisser enseigner. Le disciple de Jésus-Christ est un éternel élève, qui gagnera le cœur des gens en se laissant enseigner.

Nous ne connaîtrons jamais la joie des relations si nous ne laissons pas les autres devenir nos maîtres. Les gens aiment bien « parler boutique ». Apprenez à pêcher grâce à un homme qui sait pêcher. Apprenez à faire la cuisine par une cuisinière émérite. Demandez à votre voisin de vous enseigner à régler votre moteur. Interrogez les gens sur le travail qu'ils font. Vous serez surpris des relations que vous vous faites.

Soyez un « apprenti », une personne dont l'esprit est ouvert à autrui et qui le leur fait comprendre.

2. *Ne soyez pas dogmatique.* Avez-vous déjà rencontré une personne ayant réponse à tout ? Les impôts ? Elle connaît la solution parfaite. La doctrine ? Elle vous récitera comme une machine ses théologies favorites. Les enfants ? C'est un expert, puisqu'elle en a élevé deux. Le changement ? Elle est contre. La politique ? Ah si seulement vous ne lui aviez pas posé la question !

Avez-vous rencontré ce type de personnes ? Nous en avons tous fait l'expérience. Personne ne les aime vraiment. Un homme ou une femme dogmatique a peu d'amis. Ils ne communiquent pas parce qu'ils n'acceptent pas la discussion. C'est comme si on parlait à un mur ou à un livre : ce qui est écrit est écrit.

Il faut reconnaître que nous sommes tous plus ou moins dans ce cas. Nous avons tous des bandeaux sur les yeux. Nous nous souvenons tous d'un moment où nous avons exprimé notre opinion avec ferveur, finissant par perdre un ami attentif.

J'ai récemment fait un long voyage avec un ami intime. Nous nous sommes mis à parler de l'enseignement : école, discipline, professeurs, pédagogie. J'ai exprimé mon point de vue sur un ton qui n'admettait pas de répliques.

Ultérieurement, je me suis rendu compte que mon ami avait une maîtrise en pédagogie et avait été enseignant, proviseur et directeur d'une école primaire, secondaire et supérieure. Bien que j'aie été enseignant à l'université, je n'ai jamais suivi des cours de pédagogie, enseigné dans une école primaire ou examiné un programme scolaire. En réfléchissant à notre conversation, je me suis senti un peu gêné, voire idiot. Il écouta poliment ma « sagesse » et ne me contredit guère (lui en avais-je laissé le temps ?) J'avais fermé la porte à toute discussion. Comprenant ce que j'avais fait, j'ai dû m'excuser par la suite.

Il faut que nous exprimions honnêtement nos opinions et nos idées, mais avec tact. Si nous donnons l'impression d'être dogmatiques et obstinés, nous gâtons de précieuses relations. Les convictions véritables n'ont pas besoin de vives émotions pour les confirmer. Ayons l'ouverture d'esprit d'un apprenti et l'honnêteté de quelqu'un qui a prié à propos des questions dont on débat.

3. *Ecoutez le point de vue de l'autre.* On peut entendre sans écouter. L'écoute implique la compréhension et l'intelligence, il ne s'agit pas d'un simple enregistrement mécanique de ce qui a été dit. Dans ma famille, j'ai la réputation d'entendre en faisant autre chose en même temps. Je peux répéter précisément ce qui a été dit, mais je ne l'ai pas réellement écouté. Parfois, pour vraiment attirer mon attention, un membre de ma famille dit : « Cet après-midi, je suis allé à la bibliothèque et j'ai pris un livre sur les chevaux. J'en ai besoin pour faire une dissertation ... Après cela, je compte sortir, manger du sable et me suicider ... » on espère généralement que je n'entends pas la suite sarcastique. Mais ils ont raison : je ne les écoutais pas vraiment.

Pour écouter, il faut se rendre compte de ce qui est dit. La communication et la relation sont coupées quand l'autre vous interrompt pour donner son point de vue. Ecoutez et comprenez avant de parler. Cela vous permet de mieux comprendre votre interlocuteur, ce qui est essentiel pour nouer une relation avec quelqu'un. Et qui sait ? Si vous écoutez les autres, peut-être vous écouteront-ils.

4. *Soyez un serviteur.* Les serviteurs volontaires et non-rémunérés sont rares. Nous sommes conditionnés à ne servir qu'en échange d'autre chose, même si ce n'est que de la reconnaissance. Mais Jésus dit : « C'est ainsi que le Fils de l'homme est venu, non pour être servi, mais pour servir et donner sa vie en rançon pour beaucoup » (Matthieu 20 v. 28). Il nous ordonne ailleurs : « Faites du bien et prêtez sans rien espérer » (Luc 6 v. 35).

En développant nos relations, nous devons apprendre à servir sans rien attendre en retour, sans exiger qu'on invite et qu'on nous serve aussi. Servons ceux qui ne peuvent pas nous le rendre.

L'HONNÊTETÉ DANS LES CONFLITS

Le conflit est normal dans la croissance et la vie de l'église. Or nous essayons de l'éviter à tout prix ; quelque chose en nous nous dit qu'il est malsain et insupportable. Il nous épuise affectivement et trouble notre conception des relations intimes. Mais traité bibliquement et honnêtement, le conflit produit une croissance et une maturité qui ne peuvent provenir d'une autre source.

Pour qu'une église survive, réussisse et grandisse, ses membres et ses responsables doivent apprendre à assumer leurs conflits. Or, la plupart des églises ne s'en relèvent pas. Les conflits commencent par des petites choses qui couvent dans l'esprit de certains et restent cachées à la plupart. Un jour, tout éclate, et bientôt la scission est consommée. Des gens se mettent en colère et quittent l'église. Bientôt le conflit suivant couve et le processus se répète. Néanmoins, cette évolution n'est ni biblique, ni honnête, ni nécessaire.

Un conflit et sa résolution peuvent démontrer la solidarité des liens entre les chrétiens. Les règles ci-dessous pourraient permettre une meilleure résolution de ces différends et redonner à l'église une nouvelle santé au lieu de lui nuire.

1. *Identifiez le plus vite possible la nature du conflit.* Nous refusons souvent d'en reconnaître l'existence. Il vaut mieux intervenir rapidement plutôt qu'attendre qu'il devienne incontrôlable.

2. *Parlez-en à une personne neutre,* de préférence quelqu'un qui peut contribuer à le résoudre.

3. *Soumettez-le le plus vite possible à une discussion ouverte.* C'est une responsabilité que vous devez assumer. Si vous avez un problème avec quelqu'un, la Bible vous engage à faire le premier pas (Matthieu 18 v. 15). Si vous savez que quelqu'un a un problème avec vous, vous êtes également obligé de faire le premier pas (Matthieu 5 v. 23-24). C'est toujours « à vous de jouer ».

4. *Soyez ouvert à un compromis, ou à la reconnaissance de vos torts* La plupart des conflits dans les églises ne portent pas sur d'importants points doctrinaux, mais sur des préférences, des relations et des incidents mineurs. Si les gens sont disposés à « céder » et à avaler leur orgueil, cela arrangera considérablement les choses.

5. *Soyez honnête et non brutal.* Exprimez honnêtement vos pensées et vos idées sans abaisser celles de votre interlocuteur. Si vous n'exprimez pas votre point de vue véritable lors d'une discussion, le désaccord risque de couver pendant longtemps.

6. *Favorisez les réconciliations.* Il serait insensé et idéaliste de s'attendre à ce que tout le monde soit d'accord sur tout. Mais il ne faudrait pas que des opinions divergentes amènent des amis à se brouiller ou à se soumettre. En cas de conflit, notre premier objectif devrait être la réconciliation. Chacun peut rester sur ses positions, mais il faut qu'une bonne relation se poursuive.

Nombreux sont ceux qui se mettent sur la défensive, ou se crispent, quand quelqu'un n'est pas d'accord avec eux. Ils ont l'impression que l'amitié ne peut exister sans accord total. Or, il faut que nous apprenions à accepter les objections et les opinions contraires. Le monde ne serait pas drôle si chacun partageait notre avis ! Quelqu'un a dit que si deux personnes sont toujours d'accord, l'une d'entre elles est de trop !

L'honnêteté est le fondement des relations dans l'église.

Les conflits et leur résolution démontrent la solidarité entre ses membres.

HONNÊTETÉ DES RESPONSABLES

Un problème se pose quand un responsable de l'église ne satisfait pas aux critères bibliques clairement énoncés. Si les membres d'une église savent que la vie privée de l'un de ses responsables est contraire à la morale et à l'éthique, la réputation de toute cette église en pâtira. Car la réputation de l'église et de Jésus-Christ, naît avec celle de ses responsables. Il faut que la vie publique des responsables soit le reflet de leur vie privée.

Qui sont les responsables de l'église ? Tous ceux qui assument un poste de responsabilité ou qui exercent manifestement une influence sur d'autres. Ceci comprend donc les pasteurs, les anciens, les diacres, les catéchistes, les responsables d'études bibliques, les directeurs de chorale et les responsables de groupes de jeunes.

Qui est chargé de vérifier que ces responsables répondent aux critères bibliques pour leur poste respectif ? Théoriquement, c'est l'église dans son ensemble et sa hiérarchie. Mais que faire si ces responsables ne sont pas dignes, ou choisissent des collaborateurs sans discernement ? C'est finalement la personne qui est choisie qui devrait être suffisamment honnête pour accepter ou refuser sa nomination. En tant que responsable actuel ou potentiel vous devez vous examiner, pour déterminer si vous remplissez les conditions. Voici quelques considérations à prendre en compte.

L'hypocrisie

« Pour rien au monde je ne fréquenterai cette église ! Je connais plusieurs de ses responsables : c'est un tas d'hypocrites ! » Vous avez certainement dû entendre ces exclamations. Elle sont particulièrement fréquentes dans les petites villes. Nous avons parfois envie de nier ces affirmations, de plaider l'ignorance ou d'y voir des critiques méchantes de la part de non-chrétiens. Malheureusement, elles sonnent souvent vrai.

Les Ecritures abordent l'hypocrisie de front. Dans sa lettre aux Romains, Paul a sérieusement critiqué les Juifs dont la vie n'était pas conforme à leurs enseignements :

« Toi qui te donnes le nom de Juif, qui te reposes sur la loi, qui te glorifies de Dieu, qui connais sa volonté, qui, instruit par la loi, sais discerner ce qui est important, toi qui te persuades d'être le conducteur des aveugles, la lumière de ceux qui sont dans les ténèbres, l'éducateur des insensés, le maître des enfants, parce que tu as dans la loi la formule de la connaissance et de la vérité ; toi donc, qui enseignes les autres, tu ne t'enseignes pas toi-même ! Toi qui prêches de ne pas dérober, tu dérobes ! Toi qui dis de ne pas commettre adultère, tu commets adultère ! Toi qui as horreur des idoles, tu commets des sacrilèges ! Toi qui te fais une gloire de la loi, tu déshonores Dieu par la transgression de la loi ! Car le nom de Dieu est à cause de vous blasphémé parmi les païens, ainsi qu'il est écrit » (Romains 2 v. 17-24).

Telle est la définition fondamentale de l'hypocrisie : dire ou enseigner une chose et en faire une autre. Il en résulte que « le nom de Dieu est blasphémé ».

Nul ne mène devant Dieu, et les hommes, une vie si parfaite qu'il est sans reproches. Chacun d'entre nous a besoin de grandir et de se développer spirituellement. Il y a néanmoins un niveau minimum de maturité qui est requis des responsables d'une église. Il n'est pas rare que des personnes aient une position de responsables et ne lisent pas quotidiennement la Bible, ne prient pas régulièrement, n'étudient pas les Ecritures pour eux-mêmes et n'obéissent pas à la volonté de Dieu pour leur vie. Ils sont en place parce qu'ils ont été élus ou qu'ils répondent à un besoin. Il y a des responsables d'églises qui ne sont même pas chrétiens !

Si votre conscience vous parle de l'hypocrisie dans votre vie, ne continuez pas à mener une double vie. Si dans votre vie, il y a des problèmes ou des péchés, dont vous êtes conscient, l'honnêteté veut que vous vous démettiez de vos fonctions jusqu'à ce qu'ils soient réglés. Vous pensez peut-être : « Mais ça serait si embarrassant pour moi ! Pourquoi ne puis-je pas rechercher une solution tout en demeurant dans ma fonction ? » C'est possible si le péché est mineur, mais il n'est généralement pas aussi facile de changer de voie. Cela demande du temps et du courage pour reconnaître ses besoins.

Si vous savez que votre vie n'est pas conforme à vos propos, n'hésitez pas à prendre une décision courageuse pour

vous remettre sur le droit chemin. C'est peut-être votre
premier pas vers davantage de maturité. Vivre selon deux
normes différentes ne vous apportera jamais la paix ou la
bénédiction. Moïse mettait les Israélites en garde : « Si vous
n'agissez pas ainsi, vous péchez contre l'Eternel ; sachez que
votre péché vous retrouvera » (Nombres 32 v. 23). Allez-vous
vous en occuper dès maintenant ou attendre jusqu'à ce que
Dieu le tire au grand jour ?

Un péché flagrant

Satan fait le maximum pour amener les responsables à commettre un péché qui les disqualifie. Saül a péché et a perdu
son royaume (1 Samuel 15). Moïse a péché, et l'Eternel l'a
empêché de pénétrer dans le pays promis (Nombres
20 v. 1-13). David a péché, et Dieu lui fit connaître de
nombreux déboires (2 Samuel 11, 12). Un responsable tombé
dans le péché se met en position délicate vis-à-vis de Dieu.
Jacques écrivait : « Ne soyez pas nombreux à vouloir être
docteurs, mes frères, car vous savez que nous subirons un
jugement plus sévère » (Jacques 3 v. 1).

Un péché précis et connu dans la vie d'un responsable,
l'empêche d'être utilisé par Dieu dans sa position. Même s'il
continue à exercer ses fonctions, il ne peut être béni. Et plus
il tarde à confesser son péché, plus il est insensible à ce que
l'Esprit de Dieu veut faire de lui.

Il faut que les responsables soient très stricts avec le
péché. Gardez-vous de l'immoralité, de la malhonnêteté au
travail, du préjugé et des rancunes dans des affaires de l'église.
Si vous êtes actuellement dans un état de péché manifeste,
confessez-le immédiatement à Dieu et remettez votre vie en
règle. Ne laissez pas le péché détruire votre disponibilité pour
Dieu, aussi bien comme chrétien que comme responsable.

La maturité

De nos jours, l'église a besoin d'hommes et de femmes ayant
des dons, appelés par Dieu et mûrs. Mais même le talent et
l'appel ne sont pas une garantie de maturité spirituelle véritable.

Qu'est-ce que la maturité ? Sont-ce des cheveux blancs et
des connaissances sur la Bible ? Est-ce la sagesse et le bon
sens ? Est-ce la patience et l'amour ? Est-ce l'appui sur la

prière et la direction du Seigneur ? Oui, mais davantage
encore. Le processus de maturation spirituelle n'est jamais
achevé, mais il faut qu'il commence. Or certains ne s'y sont
jamais engagés. A.W.Tozer décrit bien nos besoins : « L'église
à l'heure actuelle a besoin d'hommes, d'hommes véritables,
d'hommes courageux ...

« Nous languissons après des hommes qui soient prêts à
se sacrifier dans la guerre de l'âme, qui ne se laissent pas
effrayer par les menaces de mort, car ils sont déjà morts aux
attraits de ce monde. Ces hommes seront libres des contraintes qui pèsent sur des hommes plus faibles. Ils ne seront
pas obligés de faire des choses sous la pression des circonstances ; leur seule contrainte viendra de l'intérieur ... ou d'en-
haut.

« Ils ne prendront pas de décisions par crainte, n'adop-
teront aucune initiative par désir de plaire, n'accepteront pas
de rendre service pour des gains financiers, ne feront aucun
acte religieux par tradition, et ne se laisseront pas influencer
par l'amour de la publicité ou le désir de bien se faire voir. ».

Dans l'épître aux Hébreux, nous lisons : « Alors que vous
deviez, avec le temps, être des maîtres, vous avez de nouveau
besoin qu'on vous enseigne les premiers principes élémen-
taires des oracles de Dieu ...

Mais la nourriture solide est pour les hommes faits, pour
ceux qui, par l'usage, ont le sens exercé au discernement du
bien et du mal » (Hébreux 5 v. 12, 14).

Nous manquons d'hommes et de femmes mûrs aux postes
de responsabilité de l'église. Nous manquons de personnes qui
soient passées de l'enfance spirituelle à la pleine maturité en
Christ. Certains sont chrétiens depuis 20 ans et sont restés des
nouveaux nés, spirituellement parlant. Mais à cause de leur
« longévité », on leur accorde un poste de responsabilité ... et
on en récolte les conséquences.

Mesurer la maturité de quelqu'un est une entreprise très
hasardeuse. On peut être une *personne mûre* tout en n'étant
pas un *chrétien mûr*. Il existe cependant des critères qui
définissent la maturité. Il n'y a pas de liste de contrôle
parfaite, mais j'espère que les points suivants vous aideront à
vous évaluer vous-même.

1. *Un chrétien mûr comprend les Ecritures.* La connaissance de la Parole de Dieu est fondamentale pour la croissance et la maturité. Le passage des Hébreux cité plus haut

parle des gens qui auraient dû connaître la Parole, mais qui ne la connaissent pas.

2. *Un chrétien mûr applique les Ecritures à sa vie quotidienne.* Une connaissance sans application ébranle la signification même de la vie chrétienne : voir notre vie se transformer à l'image de Christ. La personne qui permet régulièrement aux Ecritures de changer les évidences de sa vie mûrit. Le même passage des Hébreux parle de ceux qui « par l'usage, ont le sens exercé au discernement du bien et du mal». La pratique implique l'action et l'application. La formation est un processus d'expérience et de croissance. Pratique et formation précèdent la maturité.

3. *Un chrétien mûr n'est pas un jeune converti.* Paul recommandait qu'on ne choisisse pas pour responsable chrétien un jeune converti, « de peur qu'enflé d'orgueil, il ne tombe sous le jugement du diable » (1 Timothée 3 v. 6). Le jeune converti a besoin de grandir spirituellement plutôt que d'assumer immédiatement des responsabilités.

4. *Un chrétien mûr est passé par des épreuves.* Paul a également déclaré : «Qu'on les mette d'abord à l'épreuve, et qu'ils exercent ensuite le diaconat, s'ils sont sans reproche» (1 Timothée 3 v. 10). La croissance personnelle est étroitement liée à notre expérience de la marche avec Dieu. Nul ne peut acquérir une expérience instantanée : la croissance et l'endurance exigent du temps. Ces épreuves ne sont pas nécessairement des souffrances : il faut simplement faire la preuve de sa fidélité à l'égard de l'église et de son ministère.

5. *Un chrétien mûr manifeste clairement un caractère chrétien.* Ce caractère se traduit par l'amour, la joie, la patience, la douceur et de nombreuses autres qualités mentionnées dans Galates 5 v. 22-23. Les signes d'immaturité sont : la colère, l'impatience, les paroles dures et un esprit critique. Un caractère semblable à celui de Jésus est le fondement de la maturité chrétienne.

6. *Un chrétien mûr est stable et conséquent.* Des réactions impulsives et instables face aux circonstances adverses sont un signe d'immaturité. La stabilité se développe dans la marche dépendante de Dieu, sachant qu'il nous dirige et pourvoit à nos besoins même dans les situations difficiles. Une vie conséquente est également une marque de maturité conséquente dans nos actions, notre vie spirituelle, la recherche de réponses dans les Ecritures.

Une fois de plus, la décision incombe à ceux qui sont choisis pour être responsables. Remplissez-vous les conditions de la maturité ? Sinon, que vous manque-t-il ? Que faut-il faire pour croître, mûrir et être apte ? Soyez honnête dans votre évaluation et parlez-en à ceux qui veulent vous confier des responsabilités.

Les critères bibliques pour le responsable
Les Ecritures définissent avec précision les conditions requises pour être responsable dans 1 Timothée 3 et Tite 1.

Considérons 1 Timothée 3 v. 2-13 :

« Il faut donc que l'évêque soit irréprochable, mari d'une seule femme, sobre, sensé, sociable, hospitalier, apte à l'enseignement, qu'il ne soit ni adonné au vin, ni violent, mais conciliant, pacifique, désintéressé ; qu'il dirige bien sa propre maison et qu'il tienne ses enfants dans la soumission, avec une parfaite dignité. Car si quelqu'un ne sait pas diriger sa propre maison, comment prendra-t-il soin de l'Eglise de Dieu ? Qu'il ne soit pas nouveau converti, de peur qu'enflé d'orgueil, il ne tombe sous le jugement du diable. Il faut aussi qu'il reçoive un bon témoignage de ceux du dehors, afin de ne pas tomber dans le discrédit et dans les pièges du diable.

Les diacres pareillement doivent être respectables, éloignés de la duplicité, des excès de vin et des gains honteux : qu'ils conservent le mystère de la foi dans une conscience pure. Qu'on les mette d'abord à l'épreuve, et qu'ils exercent ensuite le diaconat, s'ils sont sans reproche. Que les femmes de même soient respectables, non médisantes, sobres, fidèles en toute chose. Les diacres doivent être maris d'une seule femme et bien diriger leurs enfants et leur propre maison. Car ceux qui ont bien exercé le diaconat s'acquièrent un rang honorable et une grande assurance dans la foi en Christ-Jésus ».

Soyons honnêtes : choisissons-nous vraiment un responsable potentiel de notre église sur la base de ces critères ? La plupart du temps, nous nommons une personne disponible, consentante et fidèle.

Considérons trois des conditions de ce passage qui ont tout particulièrement besoin d'être soulignées.

1. *Il doit être pacifique* (verset 3). Nous n'avons pas besoin de lutteurs, mais de responsables qui nous dirigent de façon paisible et pieuse, sans l'humeur querelleuse des chefs

du monde. « Une réponse douce calme la fureur, mais une parole blessante excite la colère. La langue des sages rend la connaissance meilleure, mais la bouche des insensés déverse la stupidité » (Proverbes 15 v. 1-2).

2. *Il faut qu'il reçoive un bon témoignage de ceux du dehors* (verset 7). Sa réputation au travail affecte sa fonction dans l'église. Parler avec des non-chrétiens qui connaissent cet homme vous livre bien des clefs sur sa vie spirituelle. Si sa réputation dans le monde est ternie, celle de l'église le sera aussi une fois qu'il y sera responsable. Et la conséquence d'une mauvaise réputation est qu'il risque de « tomber dans le discrédit et dans les pièges du diable ». Ce piège, c'est que nous l'obligeons à mener une vie hypocrite, et sa culpabilité finit par le détruire.

3. *Il faut qu'il soit éloigné de la duplicité* (verset 8). Dieu insiste beaucoup sur l'honnêteté verbale et sur les méfaits du commérage. Le responsable doit être sage et fiable dans ses propos. Il ne doit pas se payer le luxe de paroles vaines et inconsidérées.

Il convient aussi de noter (verset 11) que ce passage mentionne des critères pour les femmes qui occupent des postes de responsabilité : diaconesses, enseignantes et responsables de groupes d'étude biblique.

L'appel

Finalement, il faut que le responsable soit appelé par Dieu à des responsabilités et à une fonction précise. On ne « recrute » pas des responsables, on cherche plutôt la volonté de Dieu pour une certaine personne, à un certain moment. Il faut que cette personne soit certaine que Dieu l'a appelée pour une tâche particulière, et elle devra l'accomplir de tout son cœur.

Un besoin ne constitue pas un appel. Il y a quelques années, on m'a demandé de diriger une chorale dans une petite église. Je déclarai que je n'allais probablement pas accepter, mais que j'allais prier à ce propos. Après avoir prié, je leur confirmai que je ne croyais pas que Dieu me conduisait à diriger la chorale. La réponse fut : « Mais il le faut ! Il n'y a personne d'autre dans l'église qui en soit capable ! » Je répliquai : « Cela montre simplement que Dieu nous invite à suspendre la chorale ! » Quelques temps après, une autre personne s'occupa de la direction de la chorale. Dieu trouve tous les responsables dont il a besoin, pour toutes les tâches vitales de l'église.

Ne permettez pas qu'un « recrutement » ou un « besoin » soit votre seul appel. D'autre part, soyez disponible là où le Seigneur veut se servir de vous comme responsable.

HONNÊTETÉ ET EFFICACITÉ DE L'ÉGLISE

Dans toute organisation, les programmes et les activités subsistent parfois longtemps après être devenus superflus, consumant pendant des années le temps et l'énergie des gens. Dans l'église, la question la plus cruciale est peut-être : « Répondons-nous aux besoins véritables des gens ? » La tradition et l'absence d'évaluation honnête peuvent nous emprisonner dans des formes, des programmes, des concepts et des activités qui depuis longtemps ne rencontrent plus les véritables besoins. Aussi, évaluons honnêtement les structures et les programmes de notre église.

Pour répondre honnêtement aux besoins de l'église, il faut faire plusieurs choses.

Déterminez les besoins. On ne peut pas satisfaire des besoins qu'on ne connaît pas vraiment. Parlez avec les gens, faites des enquêtes. Demandez aux gens leur point de vue sincère sur l'efficacité de chaque activité de votre église : culte, nurserie, comités en tous genres.

Soyez totalement honnête. Pour être plus objectif, demandez à quelqu'un de l'extérieur de l'église de vous aider dans ce recensement.

Evaluez les activités. Une fois que les besoins sont déterminés, examinez chaque activité de l'église pour voir si elle aide les gens dans leur vie spirituelle et répond à des besoins précis. Si l'utilité d'une activité n'est pas évidente, ayons l'honnêteté de la supprimer.

Développez une vraie communion fraternelle. L'une des fonctions les plus vitales de l'église est la communion fraternelle ; pas celle des repas d'église et des soirées de détente, mais celle des gens liés par une communication profonde. Il ne s'agit pas d'un partage essentiellement affectif, où l'on ne fait que « vider son sac », mais d'une communion fondée sur des relations honnêtes, où les gens partagent de réels besoins, sont écoutés et aidés. Il faut que l'église développe et favorise ce genre de relations. Le meilleur enseignement et les activités les plus stimulantes tomberont dans des oreilles de sourds si n'existe pas le partage vivifiant de la communion fraternelle.

Contribuez à la croissance de l'église par l'évangélisation. L'une des fonctions essentielles de l'église est de témoigner de Jésus Christ dans le monde. Voyons-nous des gens se joindre à nous par la conversion, plutôt qu'en provenance d'autres églises ? Sans l'évangélisation individuelle et collective, l'église ne tardera pas à se replier sur elle-même et à mourir.

L'honnêteté dans nos églises favorisera la communion véritable, produira des responsables capables, et permettra une évangélisation efficace. Une telle honnêteté sera bénie de Dieu et enrichira les expériences de l'église, tant en son sein, qu'autour d'elle.

10

L'HONNÊTETÉ
AVEC SOI-MÊME

Le président d'une organisation de jeunesse chrétienne a reçu la lettre suivante de la part du bénéficiaire d'un certificat décerné par cette organisation.

Messieurs,

Vous trouverez ci-joint les certificats que vous m'aviez décernés. Permettez-moi d'en expliquer la raison. Je les ai obtenus de façon malhonnête. Quand j'ai changé de ville, j'étais en retard sur mon programme d'études, alors j'ai imité la signature de mon ex-responsable pour vous faire croire que j'avais passé avec succès certains certificats. Ceci m'a permis de poursuivre mes études et de réussir les examens ultérieurs. Durant toutes ces années ma vie a été un mensonge. Le Seigneur m'a récemment touché d'une façon nouvelle et merveilleuse, et je loue Dieu pour la puissance de conviction du Saint-Esprit ... Durant sept mois, j'ai été pasteur d'une église. J'en ai profondément honte parce que Dieu n'a pas pu se servir de moi à cause de ce péché non confessé.

J'aimerais poursuivre ma carrière de pasteur, mais j'ai besoin de clarifier cette affaire pour que le Seigneur puisse m'utiliser pleinement . Je n'ai pas le droit de parler de Christ à autrui si je ne vis pas ce que j'enseigne. Cela fait longtemps que je le sais, mais je le l'ai jamais mis en pratique ... J'espère que vous me pardonnerez, et je prie pour cela. Je sais que Dieu m'a pardonné et pourra désormais me prendre à son service ...

Je pense que cette expérience a été une grande leçon pour moi et qu'elle pourrait aider d'autres jeunes à éviter les erreurs que j'ai faites ... Je sais que vous aurez du mal à vous imaginer un « tricheur » à un poste de responsabilité, et je prie le Seigneur de vous donner un esprit de pardon ... »

C'est ainsi que se terminèrent pour lui des années

d'angoisse. Tout cela parce qu'il a finalement été totalement honnête avec lui-même.

Etes-vous honnête avec vous-même ? Habitez-vous dans un monde d'illusions, voire de cauchemar ? Que voyez-vous en vous regardant vous-même ? L'honnêteté de notre attitude face à nous-mêmes dans tous les domaines de la vie affecte considérablement l'honnêteté de notre attitude face à Dieu et à nos semblables.

VIVRE DANS L'ILLUSION

Nous n'avons probablement pas conscience de tromper notre entourage, mais certains sont devenus des experts quand il s'agit de se tromper eux-mêmes. Nous raisonnons avec nous-mêmes, nous nous mentons, nous refusons de croire aux évidences, et nous nous protégeons généralement contre tout ce qui pourrait troubler notre univers personnel.

Quoique nous fassions, il faut que nous soyons convaincus de ce que nos actes sont justifiés. On ne peut pas vivre longtemps avec un conflit entre nos actes et ce que nous savons être correct. par conséquent, quand nous faisons le mal, nous faisons le maximum pour nous persuader que notre action était justifiée.

Pour ce faire, nous nous engageons dans un long processus de rationalisation, fréquemment sous la forme d'une série de pensées mystificatrices :

Ce n'était probablement pas la meilleure solution, mais je n'avais vraiment pas le choix.

Je sais que la Bible semble dire que c'est mal, mais je suis certain qu'il y a plusieurs interprétations possibles pour ces passages.

J'en ai parlé au pasteur et il ne m'a pas dit que c'était grave. Bien entendu, je ne lui ai pas présenté tous les faits, mais il en savait assez pour m'aider.

Ce qui est fait est fait. Je ne peux pas retourner en arrière : il faut donc que je m'en accommode.

Si je change maintenant, les gens vont savoir que j'étais dans mon tort. J'ai vu d'autres chrétiens en faire autant : je n'ai donc rien à me reprocher.

Et finalement :

Je suis persuadé d'avoir eu raison dans ce que j'ai fait.

Si nous utilisons les Ecritures dans tout ce processus, nous sommes tentés de réinterpréter les passages qui nous mettent mal à l'aise. Nous sommes tous très désireux de justifier nos actes, quel qu'en soit le coût. Et le coût, c'est l'illusion à propos de soi-même.

La Bible aborde de front ce problème de l'auto-mystification. « Pratiquez la Parole et ne l'écoutez pas seulement, *en vous abusant vous-mêmes* » (Jacques 1 v. 22). Quiconque entend la Parole et n'y obéit pas se trompe lui-même. On peut écouter les Ecritures et même être d'accord avec elles, mais s'il n'en résulte pas une obéissance personnelle, on se fait des illusions. « Car si quelqu'un écoute la parole et ne la pratique pas, il est semblable à un homme qui regarde dans un miroir son visage naturel et qui, après s'être regardé, s'en va et oublie aussitôt comment il est » (Jacques 1 v. 23-14). L'auto-mystification commence par le refus de faire face à la vérité. Le miroir reflète fidèlement le visage d'une personne, mais elle peut refuser de se souvenir de ce qu'elle a vu.

Paul a écrit : « Que nul ne s'abuse lui-même : si quelqu'un parmi vous pense être sage selon ce siècle, qu'il devienne fou, afin de devenir sage » (1 Corinthiens 3 v. 18). L'auto-mystification, c'est se croire sage sans comprendre la Parole de Dieu et ses normes.

Elle peut aussi s'exprimer par le fait qu'on justifie son péché ou qu'on ne croit pas que Dieu puisse nous utiliser. Tout ce processus est si subtil que nous ne nous en rendons guère compte. Il faut de la foi et des efforts pour s'en protéger, car notre esprit et nos émotions se rebellent contre la vérité. Les suggestions suivantes pourraient vous aider à éviter ces pièges.

1. *Soyez franc avec vous-même.* Quand votre esprit est déboussolé, marquez les faits sur un papier pour voir la situation objectivement.

2. *Soyez honnête avec les Ecritures.* Ne les adaptez pas selon vos goûts. Par-dessus tout, découvrez ce qu'elles déclarent réellement.

3. *Si vous avez péché, reconnaissez-le.* Ne vous justifiez pas. Soyez franc et direct avec Dieu. Confessez tout péché dont vous êtes conscient.

4. *Réagissez à la voix de votre conscience.* Dans les domaines où les Ecritures ne sont pas précises, il faut compter

sur les enseignements généraux de la Parole et sur votre conscience.

    5. *Rechercher la vérité,* ne l'évitez pas. Il se peut qu'elle vous fasse mal, mais à long terme, elle vous guérira. Vous n'avez rien à craindre de la vérité, que ce soit celle des faits ou des écritures.

Une vieille prière dit :
« Oh Dieu de Vérité, délivre nous
de la lâcheté qui se dérobe devant les nouvelles vérités,
de la presse qui se satisfait des demi-vérités,
de l'arrogance qui pense qu'elle connaît toute la vérité. »

Il faut que nous affrontions les faits, car un homme qui ne reconnaît pas qu'il a tort s'aime davantage qu'il n'aime la vérité. L'auto-mystification doit être contrée par un désir délibéré et conscient d'honnêteté. Il n'y a aucune félicité dans l'ignorance.

ÊTRE HONNÊTE AVEC DIEU

    Dieu a un dessein précis pour chacun d'entre nous, et veut que nous suivions son plan pour nous. Parfois nous sommes si obnubilés par nos propres aspirations et projets, que nous ne lui répondons pas de façon honnête. Or dans ces conditions, nous risquons de faire l'expérience problématique du légalisme ou d'une mauvaise image de soi.

Le légalisme et l'éthique auto-imposée

Bien des chrétiens sont paralysés dans leur vie spirituelle parce qu'ils ne comprennent pas que nous ne pouvons pas « gagner » notre salut. Paul déclare : « C'est par la grâce en effet que vous êtes sauvés, par le moyen de la foi. Et cela ne vient pas de vous, c'est le don de Dieu » (Ephésiens 2 v. 8-9). Dieu est un Dieu de grâce. Le salut est un don gratuit qu'on ne peut pas mériter. Or essayons tout de même de vivre la vie chrétienne comme si notre salut dépendait totalement de nos actes. Nous nous plaçons sous le fardeau du légalisme. Il se peut qu'intellectuellement nous comprenons la doctrine de la grâce, mais en pratique, nous soumettons notre vie à la loi.

    Nous ne sommes pas honnêtes à l'égard de Dieu si nous nous fixons nos propres règles et espérons conserver notre relation avec Lui par leur respect. Nous avons besoin de règles de vie, mais il ne faut pas les confondre avec le salut et notre relation avec Dieu. Nous nous illusionnons quand nous croyons que l'obéissance à une série de règles ou de normes morales, que nous nous imposons, est le fondement de notre position devant Dieu. Ces règles peuvent être très valables en elles-mêmes, mais elles ne peuvent remplacer ou consolider notre relation personnelle avec Dieu.

Quand nous comprenons la place que tiennent les décisions d'éthique dans le plan de Dieu – qu'elles résultent de notre relation avec Lui, plutôt qu'elles ne déterminent notre position devant Lui – notre esprit et notre cœur peuvent être libérés d'une grande pression. Nous pouvons obéir et répondre à Dieu par amour plutôt que par crainte.

Lorsque vous développez des convictions personnelles et que vous prenez des décisions éthiques, gardez-vous du légalisme. Si vous vous fixez des règles et des normes, faites-le par amour pour Dieu et non par contrainte personnelle.

L'image de soi

Pour être honnête avec vous-même et avec Dieu, il faut que vous ayez une conception biblique et équilibrée de vous-même. De nombreux ouvrages ont été publiés sur les thèmes de l'épanouissement de soi, du développement personnel et de l'image de soi, mais certaines vérités méritent d'être rappelées ici.

Le principe essentiel d'une honnête image de soi, c'est de vous voir comme Dieu vous voit. Même si cette idée vous fait trembler, vu les pensées de votre cœur et vos actes passés, rappelez-vous que Dieu vous considère avec amour au travers de la croix de Jésus-Christ. Il vous voit pardonné et vous traite comme son fils (ou sa fille) bien-aimé(e), et non comme un ennemi, puisque vous avez reçu son Fils comme Sauveur personnel. Paul a dit : « En lui, nous avons la rédemption par son sang, le pardon des péchés selon la richesse de sa grâce que Dieu a répandue abondamment sur nous en toute sagesse et intelligence » (Ephésiens 1 v. 7-8). Ceci n'empêche pas Dieu de voir vos besoins et vos problèmes. Il s'emploie à vous former et à vous faire croître comme son enfant.

Dieu voit chacun d'entre nous comme une personne unique et de grande valeur pour Lui. Il prend soin de nous personnellement, et non comme d'un point statistique ou d'un visage anonyme. Il nous traite individuellement selon notre maturité, notre croissance et nos besoins. Il nous a faits tels que nous sommes, et nous devons nous accepter ainsi.

Dans ma jeunesse, je pensais avoir des dents de lapin et des oreilles en chou-fleur. Au lycée, quand un camarade m'appelait « Chou-fleur », j'avais envie de rentrer sous terre. Je me méprisais. en mûrissant en Christ, je me suis rendu compte que mon aspect physique ne comptait pas pour Dieu et que je pouvais être reconnaissant. Il fallait que je sois honnête avec moi-même quant à mon apparence. En fait, je n'avais pas de dents en saillie, et mes oreilles n'étaient pas si grandes. Mais tout en honnêteté, je devais reconnaître que je n'étais pas quelqu'un qui en imposait particulièrement, ni par apparence, ni dans sa personnalité.

Il fallait simplement que Dieu se serve de moi tel que j'étais et non tel que j'aurais aimé être.

Que vous soyez grand, petit, maigre ou obèse, que vous ayez un grand nez, des taches de rousseur, un beau sourire ou un corps d'athlète, Dieu vous aime et vous a fait ainsi. En fait, c'est ainsi qu'il veut vous utiliser de façon particulière. La beauté et le charme sont des qualités extérieures que l'on perd à mesure que l'on vieillit. La sécurité ne se trouve pas dans l'aspect physique, mais se fonde sur une relation satisfaisante avec Dieu.

L'image de soi découle essentiellement de l'acceptation de soi. Nous accepter tel que nous sommes en reconnaissant que Dieu nous a ainsi faits, c'est la quintessence de l'honnêteté envers nous-mêmes. Paul nous recommande : « Ne vous surestimez pas, soyez honnêtes et mesurez votre valeur selon le degré de foi que Dieu vous a donné » (Romains 12 v. 3, « Le Livre »). La plupart d'entre nous hésitent entre un sentiment d'inutilité totale dans certains domaines, et un orgueil excessif dans d'autres. Il est rare que nous nous voyions objectivement, mais c'est à cela que nous devons tendre.

Certains sont simplement égoïstes. « Si quelqu'un pense être quelque chose, alors qu'il n'est rien, il s'illusionne lui-même », affirmait Paul (Galates 6 v. 3). Il parlait aussi d'une vaine prétention qui amène certains à se vanter sans raisons (Philippiens 2 v. 3).

D'autres s'estiment sans valeur. Jésus déclare : « Ne vend-on pas deux moineaux pour deux sous ? Cependant, pas un d'eux n'est oublié devant Dieu. Et même les cheveux de votre tête sont tous comptés. Soyez donc sans crainte : vous valez plus que beaucoup de moineaux » (Luc 12 v. 6-7). L'Eternel affirmait à Israël : « Je t'aime d'un amour éternel » (Jérémie 31 v. 3). Vous avez de la valeur aux yeux de Dieu. Non seulement Dieu vous aime-t-il profondément, mais il utilisera aussi votre vie selon ses desseins. Ceux qui se croient dépourvus de véritables talents ont du mal à imaginer qu'ils pourraient être utiles à Dieu, ne serait-ce que dans une faible mesure. Ils ne se rendent probablement pas compte combien le Seigneur s'est déjà servi d'eux ou envisage de le faire à l'avenir.

Il y a des années, un professeur de l'Université John Hopkins avait demandé à un groupe d'étudiants d'enquêter dans un bas-quartier sur l'arrière-plan et le contexte familial de 200 garçons, âgés de 12 à 16 ans, puis de prédire leurs chances de succès dans l'avenir. Après avoir examiné des statistiques sociales, discuté avec les garçons et recueilli un maximum de données, les étudiants avaient conclu que 90 pour cent des garçons allaient faire de la prison.

Vingt-cinq ans après, un autre groupe d'étudiants fut chargé de retourner dans le même bas-quartier et de vérifier cette prédiction. Ils y rencontrèrent certains, devenus adultes maintenant ; quelques-uns étaient décédés ou avaient déménagé. Mais les étudiants en retrouvèrent 180 sur les 200, et ils constatèrent que seulement quatre d'entre eux avaient fait de la prison.

Pourquoi ces hommes qui avaient grandi dans un « bouillon de culture criminogène » s'en étaient-ils sortis à la surprise générale ? Chaque fois, on répondait aux enquêteurs : « Eh bien, il y avait cette institutrice ... »

On approfondit l'enquête et on découvrit que 75 pour cent d'entre eux avaient été influencés par une certaine femme qui habitait alors dans une maison de retraite pour enseignants. On lui demanda comment elle avait fait pour exercer une influence si remarquable sur ces jeunes défavorisés. Pouvait-elle expliquer pourquoi ils avaient gardé d'elle un si bon souvenir ?

« Non », répondit-elle, « je ne vois pas ». Puis, essayant de se souvenir de son passé, elle dit – plus à elle qu'aux enquêteurs : « J'aimais ces garçons ... »

Pouvez-vous honnêtement dire que vous croyez que Dieu peut et va vous utiliser ? Il le peut, et il le fera.

ÉVALUATION PERSONNELLE

Il faut être réaliste et reconnaître que nous avons aussi bien des capacités, que des limites. Regardons objectivement le miroir de l'expérience et des conseils d'autrui, pour découvrir nos forces et nos faiblesses.

Il est difficile et délicat de procéder à une évaluation de soi-même, mais cela peut vous aider à être honnête à propos de vos forces, vos capacités, vos points faibles et vos talents. Je vais d'abord vous donner quelques conseils pour vous aider à vous évaluer avec franchise.

1. *Priez.* Demandez à Dieu de vous rendre objectif et de vous donner des pensées claires quand vous entamez ce processus.

2. *Prenez du temps.* Il vous faut deux ou trois heures pour réfléchir et prier à propos de ce que vous avez découvert. N'essayez pas de la bâcler en quelques minutes.

3. *Réfléchissez-y à l'avance.* Quelques jours avant, méditez sur vos forces et vos besoins. Notez tout ce qui vous vient à l'esprit.

4. *Faites une liste.* Commencez par quadriller votre feuille en plusieurs espaces dans lesquels vous inscrivez vos forces et vos capacités d'une part, vos faiblesses et vos besoins d'autre part. Les points forts sont les domaines dans lesquels vous réussissez bien : par exemple contacter les gens, organiser des projets, aider autrui, procéder à des réparations mécaniques ou motiver des gens. Les points faibles sont les domaines dans lequels vous avez des progrès à faire : l'humilité, le contrôle de votre langue, l'organisation de votre temps. Notez tout ce qui vous passe par la tête, même si cela paraît mineur.

5. *Faites la liste des choses que vous aimez faire,* qu'elles fassent partie de votre travail ou de vos activités de loisirs. Ceci vous donnera une idée sur vos talents et vos forces.

6. *Demandez à votre entourage de vous évaluer.* Votre conjoint, en particulier, peut vous donner des indications précieuses sur vous-même. Notez ce que cette personne vous dit.

7. *Tirez-en des conclusions.* Passez vos notes en revue et tirez-en des conclusions précises à propos de vos forces et vos faiblesses, de vos capacités naturelles, de vos dons spirituels, de vos besoins actuels et de votre personnalité. Ce processus

vous permettra de mieux vous comprendre. A partir de ces enseignements, fixez-vous des priorités et des objectifs personnels pour des changements que vous désirez dans votre vie.

Dans son livre « Racines », Alex Haley décrit ainsi la naissance de son ancêtre en Afrique : « Omoro sortit du cercle des villageois. Se plaçant à côté de sa femme, il éleva l'enfant et, tous les regards attachés à ses gestes, il lui murmura trois fois dans l'oreille le nom qu'il avait choisi pour lui. Celui-ci n'avait encore jamais été proféré, car, pour Omoro et les siens, le nouveau-né devait être le premier à entendre son nom. »[1]

Vous êtes une personne importante, précieuse aux yeux de Dieu. et par-dessus tout, vous devriez savoir qui vous êtes.

1. Alex Haley, *Racines* (p. 8, Editions Alta).

11

LA MORALE SEXUELLE
(LA SEXUALITÉ)

Michel a cru en Jésus-Christ quand il était étudiant. Il commença à étudier les Ecritures et à grandir dans la foi. Mais après avoir reçu son diplôme, il perdit tout intérêt pour Dieu et se retira de toute activité chrétienne. Pourquoi ? Un coup d'œil rapide dans son appartement en révéla la cause : les murs étaient entièrement couverts de photos pornographiques. Il dévorait les revues pornographiques les plus connues et vivait dans un monde irréel de fantasmes et de rêves sexuels.

Un soir, un ami étudiant qui l'avait aidé à grandir dans la foi passa chez lui. Après avoir discuté avec Michel, il se leva et se mit à arracher les photos. « C'est de la pourriture ! » dit-il « Tu te laisses asservir et détruire par tout cela ».

Michel fut tellement choqué par cette réaction qu'il prit conscience de son état : il décida de se libérer de l'esclavage de la pornographie. Aujourd'hui, il mène une vie chrétienne victorieuse, libre de son attachement mental à la pornographie.

Vous vous posez peut-être la question : « Peut-on être tellement sûr que la cause réelle de son détachement spirituel résidait là ? » Sans doute, Michel est allé un peu trop loin ; mais après tout le corps humain est une œuvre d'art admirable, qui fait plaisir à regarder ».

Pourtant, Michel ne prenait pas simplement plaisir à une forme d'art. Son appétit des fantasmes sexuels consommait son énergie mentale et l'empêchait de plus en plus d'entretenir des pensées saines. Pour les chrétiens comme Michel, la pornographie pose un problème moral auquel ils doivent se confronter.

La Bible ne traite pas de manière précise ou détaillée la question morale soulevée par la pornographie, et la question tant discutée de la masturbation féminine comme masculine. Notre attitude envers ces thèmes à controverses dépend de notre compréhension de l'enseignement biblique concernant l'homosexualité, et toute pratique sexuelle en dehors du mariage.

Notre époque met en valeur la liberté de l'expression individuelle et du style de vie. Les films et les revues pornographiques sont omniprésents. La législation destinée à contrôler la pornographie a souvent échoué. Les rêves sexuels d'antan se sont aujourd'hui incarnés.

Le concubinage est affaire courante dans la presse, et les relations extramaritales sont recommandées par les « manuels » de sexualité. Le nombre d'adolescents vierges ne cesse de baisser. Et aux heures de grande écoute, la télévision fait étalage de l'homosexualité et de l'infidélité.

Nous n'avons guère la possibilité de changer ces tendances. Mais quand la pression culturelle a des effets sur la communauté chrétienne, il nous revient de réagir. La situation se complique d'autant plus que certains théologiens prennent ouvertement parti pour des activités immorales. Comment connaître ce qui est juste ?

Premièrement il faut rester honnête face à l'enseignement de la Bible. Si nous interprétons la Bible selon nos préjugés, son enseignement sera faussé. Nous ne devons rien enlever ni ajouter aux textes.

Deuxièmement, il s'agit d'être honnête dans notre réponse à l'enseignement biblique. La connaissance théorique a peu de valeur si nous ne mettons pas en pratique les Ecritures. Si la Bible n'aborde pas directement une question, il faut examiner sincèrement notre conscience et nos motifs. Nous disposons de l'enseignement théorique et des implications pratiques de l'Ecriture.

Enfin, soyons honnêtes envers nos amis, ceux qui sont touchés directement ou indirectement par des actions immorales. Personne ne peut se payer le luxe de vivre de façon égocentrique. Nos actions ont forcément une incidence sur les autres.

LA SEXUALITE EST CLAIREMENT ENSEIGNÉE DANS LES ÉCRITURES

Nous allons nous pencher en premier lieu sur les sujets dont la Bible parle directement. A partir de cette base, nous pouvons aborder d'autres questions plus floues, mais liées aux premières. Nous aurions tort de penser que l'enseignement biblique n'est plus valable aujourd'hui, ou que la Bible prône un puritanisme qui ne s'adapte nullement à notre culture libérée. Si nous regardons les Ecritures ainsi, nous irons jusqu'à rejeter un enseignement concernant le salut de l'homme.

L'adultère

Le Nouveau Testament décrit l'immoralité de deux façons par les mots fornication (« porneia » en Grec, d'où vient le terme « pornographie ») et adultère (« moichos »). L'adultère se réfère aux rapports sexuels illicites entre une personne mariée et toute personne autre que son conjoint. La fornication est un terme plus vaste. Elle comprend les rapports sexuels, en dehors du mariage. Dans plusieurs traductions, en français « porneia » est traduit par « immoralité ».

L'une des directives les plus anciennes concernant la sexualité extramaritale se trouve dans les dix commandements : « Tu ne commettras pas d'adultère » (Exode 20 v. 14). Jésus a validé ce commandement en disant : « Tu connais les commandements : « Ne commets pas de meurtre ; ne commets pas d'adultère ... » (Marc 10 v. 19). Nous lisons dans les écrits de l'apôtre Paul : « Or on sait bien tout ce que produit la chair : fornication, impureté, débauche ... et je vous préviens, comme je l'ai déjà fait, que ceux qui commettent ces fautes-là n'hériteront pas du Royaume de Dieu » (Galates 5 v. 19-21, Bible de Jérusalem). Il est clair, selon ces textes, que la Bible interdit les rapports sexuels en dehors du mariage. Jésus les a qualifiés de péché, quand il dit à la femme adultère : « Va, et ne pèche plus ». (Jean 8 v. 11).

Les déclarations ci-dessous sont assez directes et abruptes. De nombreux livres consacrés à ce sujet analysent ces passages de façon détaillée.

La sexualité prémaritale

Les Ecritures ayant rapport à l'adultère s'appliquent également aux rapports sexuels avant le mariage. Tout en convenant que l'adultère détruit les vœux de mariage et les liens conjugaux, bien des personnes jugent moins sévèrement la sexualité prémaritale. Certaines prétendaient que lorsque deux personnes s'aiment, et projettent de se marier, les rapports sexuels avant le mariage se justifient.

Les problèmes que posent l'activité sexuelle et la grossesse parmi les adolescents ont atteint un seuil épidémique. Une revue américaine constate qu'entre 1971 et 1977, le pourcentage de filles entre 15 et 19 ans qui ne se disent plus vierges, a presque doublé : de 28 % à 50 %. Tandis que le taux de natalité global baisse, le taux de natalité parmi les adolescentes monte, surtout parmi les filles de 13 ans au moins. Le nombre de garçons qui ne sont plus vierges est nettement plus élevé. [1]

La pression sociale croissante et la stimulation explicite provenant de la télévision, des livres et des films font vivre le jeune adulte d'aujourd'hui dans un flot constant d'excitation sexuelle. Ajoutez à cela l'idée que le rapport sexuel, en dehors du mariage, n'est pas un péché, et la conséquence devient évidente : normes embrouillées et vies brisées.

La société s'oppose aux rapports sexuels prémaritaux en raison du danger de grossesse et de maladie – il ne s'agit pas d'une approche morale. L'éducation sexuelle et la distribution gratuite de contraceptifs règlent ces problèmes, du point de vue social. Malheureusement, aucun contraceptif n'existe pour la conscience. Les traces, laissées dans les vies de ceux qui pratiquent les rapports sexuels avant le mariage, sont permanentes, et davantage marquées s'il en résulte une grossesse.

Les Ecritures nous commandent de « fuir l'immoralité » (I Corinthiens 6 v. 18). Paul a écrit que « ce que Dieu veut, c'est votre sanctification ; c'est que vous vous absteniez de l'immoralité sexuelle » (I Thessaloniciens 4 v. 3). Salomon écrit que l'acte sexuel est réservé au mariage. (Proverbes 5 v. 3-20). Il rappelle ensuite que Dieu observe toutes les voies de l'homme, et « que le méchant est pris dans ses propres fautes » (Proverbes 5 v. 21,22). « Eloigne d'elle (la femme adultère) ton chemin », avertit-il, « et n'approche pas de la porte de sa maison » (Proverbes 5 v. 8).

Pour le chrétien, le point de vue biblique du mariage est le remède le plus fort contre la tentation des relations sexuelles prémaritales. Le mariage est comparé à la relation entre Jésus-Christ et Son corps, l'Eglise (Ephésiens 5 v. 23-33). La Bible approuve entièrement les rapports sexuels dans le mariage, tout comme elle les condamne en dehors de ce contexte. « Que le mariage soit honoré de tous, et le lit conjugal exempt de souillure. Car Dieu jugera les débauchés et les adultères » (Hébreux 13 v. 4). Dans le mariage, les rapports sexuels représentent l'une des formes les plus élevées d'identification et de relation. Mais en dehors du mariage, les rapports sexuels peuvent devenir, dans le cadre d'une relation, l'un des aspects les moins satisfaisants et les moins orientés vers l'amour. L'idée du mariage selon Dieu consiste à se donner entièrement à son conjoint. Un engagement total, qui perd son sens en dehors du mariage.

Mais qu'en est-il si vous avez déjà transgressé les commandements en question ? Pourrez-vous jamais vous épanouir dans le mariage ? Grâce au pardon de Dieu, la réponse est affirmative. Vous ne pourrez jamais changer le passé et vous aurez peut-être des difficultés dans vos relations futures, mais l'aide de Dieu suffit dans n'importe quelle situation. Commencez là où vous vous trouvez et préparez-vous dès maintenant, pour l'avenir que Dieu vous a destiné.

Pour le célibataire qui désire se marier un jour, l'honnêteté dans ses relations est la conséquence du choix de se réserver à la personne que Dieu a prévue comme conjoint. Si vous vous attachez à des normes bibliques de pureté dès le départ de vos relations, vos désirs impurs seront freinés de façon saine. En revanche, se détourner d'une situation déjà malsaine demande un effort de volonté considérable : mieux vaut fixer et respecter des limites au début. Les mêmes normes s'appliquent, bien entendu, à ceux qui décident de ne pas se marier, ainsi qu'aux personnes veuves et divorcées.

Le pureté de la vie étonne face à la pression sociale environnante. En soumettant votre vie à Dieu, vous découvrirez un élément-clé : sa puissance qui agit en vous.

L'homosexualité

Le concept de la liberté prend des tournures étranges. A la fois dans le sens matériel et spirituel, nous chérissons le sentiment inné, qui nous dit que nous sommes libres de faire tout ce que nous voulons. Toute contrainte paraît accablante, et nous y résistons.

Dans la poussée actuelle vers plus de liberté, des tabous sexuels étaient autrefois abordés uniquement par des journaux médicaux ; aujourd'hui ils sont affichés et défendus ouvertement. Ainsi en est-il spécialement à propos de l'homosexualité masculine ou féminine. Qu'enseigne la Bible au sujet de l'homosexualité ? Un passage important sur ce sujet se trouve dans Romains 1 v. 24-27 : « C'est pourquoi Dieu les a livrés à l'impureté, selon les convoitises de leurs cœurs, en sorte qu'ils déshonorent eux-mêmes leurs propres corps ; eux qui ont remplacé la vérité de Dieu par le mensonge et qui ont adoré et servi la créature au lieu du créateur, qui est béni éternellement. Amen !

C'est pourquoi Dieu les a livrés à des passions déshonorantes, car leurs femmes ont remplacé les relations naturelles par des actes contre nature ; et de même les hommes, abandonnant les relations naturelles avec la femme, se sont enflammés dans leurs désirs, les uns pour les autres ; ils commettent l'infamie, homme avec homme, et reçoivent en eux-mêmes le salaire que mérite leur égarement ».

Ce passage dépeint des gens qui rejettent Dieu, et se livrent à l'impureté. Leur homosexualité est décrite comme « des passions déshonorantes » et « contre nature », puisque l'usage naturel de la sexualité dans le mariage concerne la relation entre l'homme et la femme.

Dans un passage consacré aux injustes, Paul écrit : « Ni les débauchés, ni les idolâtres, ni les adultères, ni les dépravés, ni les homosexuels, ni les voleurs, ni les cupides, ni les ivrognes, ni les insulteurs, ni les accapareurs n'hériteront le royaume de Dieu » (I Corinthiens 6 v. 9-10). Cette affirmation puissante serait décourageante si Paul n'avait pas poursuivi : « Et c'est là ce que vous étiez, quelques-uns d'entre vous. Mais vous avez été lavés, mais vous avez été sanctifiés, mais vous avez été justifiés au nom du Seigneur Jésus-Christ et par l'Esprit de notre Dieu » (I Corinthiens 6 v. 11). Ce passage fait encore remarquer que l'homosexualité est un péché, une pratique inacceptable aux yeux de Dieu.

Pourtant, si votre vie est marquée par des tendances ou des pratiques homosexuelles, une telle déclaration risque d'être vide de tout contenu. Vous savez qu'il faut plus qu'une simple exhortation pour vous débarrasser du fardeau d'un comportement homosexuel.

Les chrétiens doivent faire face à ce problème avec compréhension et compassion. Les experts disent que des facteurs biologiques et sociologiques conduisent à l'homosexualité. Toutefois, cela ne peut servir de prétexte pour transgresser des commandements aussi clairs des Ecritures.

En revanche, nous devons nous rendre compte que, tout comme les impulsions sexuelles normales, il ne s'agit pas simplement « d'éteindre » ses impulsions homosexuelles. Dans un certain sens, l'homosexualité ressemble à l'alcoolisme, puisque même en cas d'abstinence prolongée, la tendance demeure.

Les rapports sexuels avant ou en dehors du mariage constituent une conduite pécheresse partant d'un désir normal. Or, l'activité homosexuelle est le résultat d'un désir anormal, et il est plus difficile de réorienter cette énergie dans une direction saine et productive. Il faut traiter directement la véritable racine de l'impulsion homosexuelle. Une personne impliquée dans une relation hétérosexuelle illicite est capable de l'arrêter par un acte de volonté. Souvent ce n'est pas le cas de l'homosexuel, qui a besoin d'aide et de conseils particuliers. Dans cette optique, il est recommandé de chercher de l'aide professionnelle de la part d'un conseiller spirituel, d'un psychologue ou psychiatre chrétien. Tout le monde peut être aidé et en sortir victorieux.

SUGGESTIONS POUR DES PERSONNES AYANT DEJA EU DES RAPPORTS SEXUELS ILLICITES.

Si vous avez déjà fait des expériences sexuelles dans les domaines cités ci-dessus, vous êtes peut-être découragé par la force des déclarations faites à ce sujet. Mais prenez courage Dieu s'intéresse à vous tel que vous êtes. Jésus-Christ est mort pour nos péchés – tous nos péchés. Vous ne pouvez pas modifier votre passé, et Dieu en est bien conscient. Commencez à vous appuyer sur la puissance et la victoire qui viennent de Dieu. Voilà quelques suggestions pratiques :

1. Avouez votre péché à Dieu et à vous-même. Il faut confesser avant d'être pardonné. « Si nous confessons nos

péchés, il est fidèle et juste pour pardonner nos péchés et nous purifier de toute iniquité ». (I Jean 1 v. 9).

2. Décidez, volontairement, de ne plus vous laisser entraîner dans le même péché sexuel. Cela vous paraît impossible ; et, si vous comptez sur vos seules forces vous avez raison. Mais Dieu promet : « Aucune tentation ne vous est survenue qui n'ait été humaine ; Dieu est fidèle et ne permettra pas que vous soyez tentés au-delà de vos forces ; mais avec la tentation, il donnera aussi le moyen d'en sortir, pour que vous puissiez la supporter ». (I Corinthiens 10 v. 13).

3. Si les problèmes et les circonstances sont particulièrement complexes, demandez conseil à un chrétien digne de confiance. Quand bien même vous avez suivi les deux premières suggestions, il vous sera peut-être utile de discuter avec quelqu'un d'autre pour connaître le prochain pas à faire.

4. Puisque l'activité sexuelle implique une autre personne, il faudra peut-être demander pardon et faire le nécessaire pour régulariser la situation. Mais si, avant d'être chrétien vous avez eu des rapports sexuels prémaritaux, je ne vous recommande pas forcément d'en parler avec votre conjoint. Ce n'est pas nécessaire, et cela peut faire plus de mal que de bien. En revanche, si vous avez trahi la relation conjugale, il faut l'avouer et demander pardon à votre époux. Dans ce cas il est probable que votre conjoint vous ait déjà soupçonné, et qu'il existe d'autres problèmes graves à régler dans votre relation.

5. Une fois que vous avez accompli ces choses, acceptez le pardon total de Dieu et oubliez le passé. Bien que Dieu vous ait pardonné, vous aurez tendance à vous appesantir sur le passé comme si le pardon n'existait pas. N'y pensez plus et allez de l'avant.

Ce qui suit part du fait que les divers comportements sexuels abordés ci-dessus sont réellement des péchés et par conséquent interdits par Dieu.

LES RACINES DU PÉCHÉ SEXUEL

Le péché sexuel ne commence jamais par hasard. On ne « tombe » pas soudainement dans un acte sexuel illicite simplement parce que l'occasion se présente. Il existe toujours une préparation précise que nous appellerons l'expérience

« présexuelle ». Il s'agit de pensées et d'actes qui excitent, façonnent ou développent nos impulsions sexuelles.

Toutes les expériences présexuelles ne sont pas mauvaises. Certaines peuvent vous préparer pour le mariage, ainsi en est-il des relations et expériences, à travers lesquelles vous apprenez à maîtriser et à diriger ces impulsions qui viennent de Dieu. D'autres peuvent s'accumuler et vous pousser à une activité sexuelle illicite. Bien qu'une expérience isolée paraisse inoffensive, elle nous conduira au péché en temps opportun. Ce principe est souligné dans la Bible. Elle emploie plusieurs mots pour se rapporter à ces expériences présexuelles. Une bonne compréhension de ces termes nous permet de déterminer si une activité ou une pensée sexuelle est un péché.

1. *Dérèglement* : traduction habituelle dans la Bible française du mot grec « aselgeia », qui signifie « excès », « manque de contrainte », « indécence » et « conduite éhontée ». Ce mot est employé dans les passages suivants :

« Car c'est du dedans, c'est du cœur des hommes que sortent les mauvaises pensées, prostitutions, vols, meurtres, adultères, cupidités, méchanceté, ruse, *dérèglement* ... » (Marc 2 v. 21-22).

« Voici donc ce que je dis et ce que j'atteste dans le Seigneur : c'est que vous ne devez plus marcher comme les païens ... Ils ont perdu tout sens moral, ils se sont livrés au dérèglement, pour commettre toute espèce d'impureté jointe à la cupidité. » (Ephésiens 4 v. 17-19).

Selon le *Petit Robert* « dérèglement » est « le fait de s'écarter des règles de la morale, de l'équilibre et de la mesure ».

Dans les passages cités plus haut, le mot « aselgeia » est traduit « impudicité » et « débauche » dans d'autres versions françaises. Le *Petit Robert* définit « débauche » comme « l'excès condamnable dans la jouissance des plaisirs sexuels ».

2. *Convoitises, passions, désirs charnels* sont employés comme traduction du mot grec « epithumia », qui se trouve dans les textes suivants :

« Fuis les *passions* de la jeunesse et recherche la justice » (II Thimothée 2 v. 22).

« Bien-aimés, je vous exhorte, en tant qu'étrangers et voyageurs, à vous abstenir des *désirs charnels* qui font la guerre à l'âme ». (I Pierre 2 v. 11).

« Car tout ce qui est dans le monde, la convoitise de la chair, la convoitise des yeux et l'orgueil de la vie, ne vient pas du Père, mais vient du monde » (I Jean 2 v. 16).

Selon le dictionnaire, la « convoitise » est « le désir immodéré de posséder une chose » et « un désir sexuel intense ».

L'intérêt de Dieu à notre sujet va au-delà des actes évidents d'immoralité. Ces passages indiquent que des pensées et des désirs inconvenables conduisent ultérieurement au péché sexuel.

LES DOMAINES FLOUS DE LA MORALE

En abordant le thème des questions sexuelles qui ne sont pas directement traitées dans les Ecritures, rappelez-vous que certaines expériences présexuelles aboutissent facilement au dérèglement ou à la convoitise.

Nos pensées

La lutte en faveur de la pureté sexuelle commence toujours au niveau de la pensée. Nos actions finissent par ressembler à nos pensées. Nous remplissons notre esprit du bien ou de mal, du pur et de l'impur, du juste ou de l'injuste. Beaucoup de chrétiens enfouissent les deux dans les profondeurs de leur vie intérieure.

Le péché manifeste trouve son origine dans les pensées, se développe ensuite dans des expériences présexuelles et, se réalise enfin quand l'occasion se présente. Les pensées impures sont péché, tout autant que l'immoralité qui en résulte. Les paroles de Jésus dans le Sermon sur la Montagne sont fréquemment citées, à ce sujet : « Vous avez entendu qu'il a été dit : Quiconque regarde une femme pour la convoiter a déjà commis l'adultère avec elle dans son cœur ». (Matthieu 5 v. 27-28). Ne vous trompez pas en disant : « Puisque j'ai déjà péché dans mon cœur, autant pécher dans mon corps ». Ces péchés ne se valent pas ! Le péché du cœur ne touche qu'une personne. En revanche, le péché corporel en touche deux. En esprit, il n'existe pas d'union physique. Sur le plan physique, deux personnes, par leur union, se connaissent de façon irréversible. Remarquez que, dans

Matthieu 5 v. 28, Jésus ne parle pas seulement de « regarder », mais plutôt de « regarder pour convoiter ». Il s'agit d'un désir actif qui imagine un contact, ou une union sexuelle. Dieu connaît toutes nos pensées. « Car la Parole de Dieu ... est juge des sentiments et des pensées du cœur. Il n'y a aucune créature, qui soit invisible devant lui : tout est mis à nu et terrassé aux yeux de Celui à qui nous devons rendre compte ». (Hébreux 4 v. 12-13).

Paul dit que le chrétien sous le contrôle de l'Esprit est engagé dans le combat spirituel et « amène toute pensée captive à l'obéissance du Christ » (II Corinthiens 10 v. 5). Et Pierre rajoute : « Affermissez votre pensée ... ne vous conformez pas aux désirs que vous aviez autrefois, dans votre ignorance » (I Pierre 1 v. 13-14). Nous ne sommes pas capables d'empêcher toute pensée impure de pénétrer dans notre esprit ; par contre nous pouvons choisir les pensées qui s'y développent.

Dieu nous donne les moyens de cultiver une vie intérieure pure, car « nous avons la pensée de Christ » (I Corinthiens 2 v. 16). « Soyez transformés par le renouvellement de l'intelligence » (Romains 12 v. 2). Il s'agit d'un renouvellement continu et répétitif. Une victoire dans le combat d'aujourd'hui ne garantit pas le même résultat demain.

Pour maîtriser nos pensées, nous devons remplir notre esprit de ce qui est juste. « Portez toute votre *attention* sur ce qui est bon et digne de louange : sur tout ce qui est vrai, respectable, juste, pur, agréable et honorable. » (Philippiens 4 v. 8, traduction en Français Courant).

La mémorisation des Ecritures est le moyen le plus puissant pour remplir et contrôler la pensée. Si vous apprenez des textes bibliques par cœur, ils vous reviendront à l'esprit au moment de la tentation. Si vous ne l'avez jamais fait de façon régulière, je vous encourage à le faire. [2] L'un des versets qui m'a le plus aidé à maîtriser ma vie intérieure est Proverbes 16 v. 3 « Recommande à l'Eternel tes œuvres et tes pensées se réaliseront ». Les versions modernes traduisent par projets au lieu de pensées. Les deux sont liés à l'esprit. Nos actes affectent nos pensées, tout comme nos pensées contrôlent nos actes.

Nos yeux

Pour la plupart, nos pensées sont créées et dominées par ce que nous voyons et lisons. Les Ecritures enseignent que l'œil est la lampe du corps (Matthieu 6 v. 22-23), et que, si l'œil est en mauvais état, le corps sera rempli de ténèbres. Cette vérité décrit plus qu'un phénomène matériel. Elle se réfère plutôt à ce qui, à travers les yeux, pénètre dans l'esprit. L'apôtre Jean dénonce « la convoitise des yeux » (I Jean 2 v. 16). Salomon écrit : « Que tes yeux regardent en face, et que tes paupières se dirigent droit devant toi. Aplanis la route par où tu passes, et que toutes tes voies soient bien assurées » (Proverbes 4 v. 25-26). Il a également dit : « Mon fils, donne-moi ton cœur, et que tes yeux se plaisent dans mes voies. Car la prostituée est une fosse profonde, et la courtisane un puits étroit » (Proverbes 23 v. 26-27).

Les yeux sont la porte de l'esprit. Autant que possible, nous devons les surveiller.

La pornographie

Aux Etats-Unis, et dans le monde entier, la pornographie rapporte. Des millions, voire des milliards de dollars, sont dépensés chaque année pour de nombreuses sortes de pornographie. Et, comme la société s'éloigne de plus en plus des normes chrétiennes, les quelques restrictions qui demeurent encore vont disparaître.

La jurisprudence a montré qu'il est extrêmement difficile, sinon impossible, de définir la pornographie. A la fin des années soixante, le rédacteur-en-chef d'une revue pornographique américaine a donné, dans une interview, son point de vue sur les lois fédérales concernant la littérature obsène : « C'est injuste ! La Constitution garantit la liberté d'expression et de la presse, et cela englobe tout. Dans vingt ans, toutes les lois contre la soi-disante pornographie seront rayées des registres ! ».

Dans notre optique, la pornographie signifie tout livre ou film, toute revue, photo ou émission télévisée conduisant l'impulsion sexuelle d'une personne à la convoitise ou au dérèglement.

Cette définition comprend la pornographie, à la fois visuelle et littéraire. La pornographie visuelle inclut les nombreuses revues populaires consacrées aux nus provocateurs, ainsi que tout film érotique. Les chrétiens pourraient penser que cela ne leur pose pas de problème. Mais beaucoup d'entre eux finissent par s'habituer aux films érotiques, et cela dévaste leur vie spirituelle.

J'ai connu un homme qui luttait contre toute une gamme de péchés sexuels, et qui, après deux ans de découragement, commençait tout juste à remonter la pente. Lors de nos discussions, j'ai traité la pornographie de domaine « flou ». Il se raidit et s'exclama : « Vous croyez réellement que la pornographie relève du flou ? C'est un péché ». Il savait que la pornographie avait joué un rôle majeur dans sa chute. Il se souvenait même de chacun de ses « faux pas », lorsqu'il s'arrêtait sur une publicité de film dans un journal.

Surtout, celui qui lutte contre la masturbation ou les pratiques sexuelles illicites doit éviter les films et les magazines provoquants, dans la mesure où cela crée d'énormes problèmes au niveau des pensées. Même celui qui n'a pas l'habitude des revues pornographiques est capable de s'égarer dans une maison de presse et feuilleter ce qui tombe sous ses yeux. C'est ainsi que son esprit s'oriente vers des pensées impures.

Quant à la littérature pornographique, beaucoup de best-sellers séduisent leurs lecteurs par leurs descriptions frappantes d'actes sexuels. Même les « bons » livres peuvent créer des problèmes dans l'esprit du chrétien.

Malheureusement, une fois que les images sexuelles existent, elles tendent à s'imprimer dans nos pensées. Lors d'un récent voyage en avion, j'ai trouvé un livre oublié sur un siège. En le lisant, je me suis vite rendu compte de son contenu érotique. J'aurais dû m'arrêter tout de suite ; mais, j'ai continué jusqu'au premier incident. Aujourd'hui encore cette image se glisse dans mon esprit et me dérange. Une fois enracinée, il est difficile, mais non impossible, d'effacer une telle pensée.

Si vous gardez des livres pornographiques ou douteux chez vous, ou à votre lieu de travail, détruisez-les. Sinon, ils demeureront source de tentation.

Mais, qu'en est-il de l'étudiant ou du salarié constamment exposé à la pornographie des autres ? L'homme mentionné plus haut, qui insistait sur le fait que la pornographie est un péché, s'y était intéressé à l'origine en feuilletant les revues appartenant à d'autres. Nous ne pouvons pas dicter les choix d'autrui.

La seule solution consiste à se discipliner, à ne jamais s'accorder la liberté de « jeter un petit coup d'œil » à ce genre d'ouvrage. On ne s'arrête pas à mi-chemin. Le compromis n'opère pas.

Vous pouvez aussi essayer, avec tact, de faire supprimer la pornographie qui vous entoure. Si vous avez de bonnes relations avec un collègue, pourquoi ne pas lui dire que ses photos vous offusquent ? Sinon, votre seul choix est de passer du temps ailleurs, ou, si cela est impossible, de contrôler vos yeux. Dieu connaît votre situation et vous aidera à surveiller vos pensées.

Certains lisant ces idées seront tentés de sourire, les considérant comme simplistes, étroites et par trop puritaines. Après tout, il faut vivre dans un monde tel qu'il est. Les chrétiens ont-ils un esprit tellement cloisonné et naïf qu'ils ne sont pas capables de relations avec des gens normaux ?

Mais Paul écrit : « Je désire que vous soyez sages en ce qui concerne le bien et purs en ce qui concerne le mal ». (Romains 16 v. 19). Malgré nos efforts d'aborder le sujet de la manière la plus sophistiquée, nous connaissons le danger spirituel qui consiste à nous laisser envahir par le relâchement sexuel. « Quelqu'un mettra-t-il du feu dans son sein, sans que ses vêtements s'enflamment ? Quelqu'un marchera-t-il sur des charbons ardents, sans que ses pieds soient brûlés ? Il en est de même pour celui qui va vers la femme de son prochain ? » (Proverbes 4 v. 27-29). Ne jouons pas avec le feu qui nous menace (spirituellement autant que physiquement). Les Ecritures nous disent : « En effet ce que (ces gens) font en secret, il est honteux même d'en parler » (Ephésiens 5 v. 12).

Sans aucun doute, la pornographie est capable de dominer l'esprit. Si nous voulons surveiller nos pensées, comme l'enseignent les Ecritures, il faut résister à tout plaisir personnel dans ce domaine.

Masturbation

Il y a quelques années, j'aidais un étudiant à grandir sur le plan spirituel. Chaque fois que nous discutions de l'importance de communiquer sa foi, il se décourageait. Je ne comprenais pas pourquoi il n'arrivait pas à s'identifier ouvertement, devant les autres, avec Jésus-Christ. Un jour enfin, il m'a avoué que la masturbation lui posait problème. Incapable de la vaincre, il avait du mal à parler honnêtement de sa foi.

Malgré mes conseils, il ne s'en est pas sorti. Il a fini par devenir un chrétien charnel dont la vie ne témoignait nullement de Jésus-Christ.

Plusieurs réactions sont possibles, devant une telle situation : peut-être direz-vous : « Cet étudiant était frappé d'une fausse culpabilité, car la masturbation n'est pas un péché ». Et, dans cette optique, si j'avais décrit la masturbation comme une expérience à la fois normale et saine, il aurait continué a être un chrétien épanoui. Les uns peuvent dire qu'il faut encourager la masturbation. Les autres peuvent penser que, malgré le caractère néfaste de l'habitude, une solution légaliste ferait plus de mal que de bien.

Votre réaction, quelle qu'elle soit, est probablement influencée par votre expérience personnelle de la masturbation.

Et, à en croire les statistiques, une majorité d'hommes et de femmes ont fait des expériences sur ce plan. D'après certains, plus de 90 pour cent des hommes adultes se sont masturbés. Du côté des femmes, le chiffre dépasse 50 pour cent. Une telle pratique se répand chez elles grâce aux livres et aux encouragements des personnalités féminines connues.

La grande majorité des non-chrétiens, ainsi que de nombreux chrétiens croient que la masturbation ne pose aucun problème. Ils pensent qu'il ne s'agit nullement de péché ; et, qu'elle pose des difficultés dans les seuls cas où elle devient une obsession ou se substitue à des relations sexuelles normales.

Les anciens écrits catholiques et protestants regorgent de mythes concernant la masturbation. Selon ces écrits, la pratique de la masturbation peut nuire au corps, entraver sa capacité sexuelle dans le mariage, ou provoquer des dérangements mentaux. Dépourvus de tout fondement dans les faits, ils étaient surtout destinés à faire peur aux gens.

Aucun passage de la Bible ne parle directement de la question de la masturbation. Je ne suis pas d'accord avec ceux qui attirent l'attention sur Genèse 38 v. 8-10 et I Corinthiens 6 v. 9-10.

Néanmoins, la Bible donne des lignes directrices qui vous permettent de décider si la masturbation est, pour vous, un péché. Considérez les observations suivantes :

1. Rappelez-vous la définition de la convoitise : « le désir immodéré de posséder une chose » et « un désir sexuel inten-

se ». (voir I Jean 2 v. 16). Est-il possible de se masturber sans convoiter ?

2. L'épreuve suivante est celle de vos pensées. Jésus a dit : « Quinconque regarde une femme pour la convoiter a déjà commis un adultère avec elle dans son cœur ». (Matthieu 5 v. 28). Quand une personne pratique la masturbation, qu'est ce qui occupe ses pensées ? Peut-elle se masturber sans imaginer un acte sexuel ou, au moins, des images érotiques. Que ressentez-vous ? Si vous vous masturbez, arrivez-vous à garder des pensées pures ?

3. Ensuite, considérez la sainteté ainsi que le but des rapports sexuels dans le mariage. Sans aucun doute, la masturbation est une tentative d'expérimenter les sensations normalement réservées au mariage. C'est un *substitut pour le réel*, un artifice, une farce, un mensonge.

4. La masturbation est aussi *entièrement égocentrique*. L'une des caractéristiques de l'égocentrisme est la complaisance envers soi-même. En décrivant une façon de vivre dominée par Satan, Paul dit : « Nous nous conduisions autrefois selon nos convoitises charnelles, nous exécutons les volontés de notre chair et de nos pensées ». (Ephésiens 2 v. 3).

5. Enfin, la masturbation peut nous rendre esclaves. Lorsque nous sommes dominés par l'indulgence charnelle, le péché en résulte. « Que le péché ne règne donc pas dans nos corps mortels, et n'obéissez pas à ses convoitises » (Romains 6 v. 12). Paul a aussi dit : « Tout m'est permis, mais tout n'est pas utile, tout m'est permis, mais je ne me laisserai pas asservir par quoi que ce soit ». (I Corinthiens 6 v. 12).

Considérez les cinq points ci-dessus pour décider si la masturbation représente, pour vous, un péché.

Vous avez peut-être l'impression que tout cela est une belle théorie, mais que vous ne venez pas pour autant à bout de la masturbation. En fait, vous vous sentez plus culpabilisé que jamais. Il serait donc injuste de terminer la discussion à ce point, sans donner des conseils pratiques, qui vous aideront à en être délivré.

D'abord, nous allons définir les limites de notre sujet et quelques aspects de l'impulsion sexuelle. Mes propos s'appliquent à des hommes et des femmes qui ont plus de 18 ans. Pendant l'adolescence, des changements sexuels font partie du cycle normal de croissance. Dans ce contexte ; la masturbation est un phénomène fréquent. Qu'elle soit considérée comme bonne ou mauvaise, la manière d'y réagir est différente en ce qui concerne les personnes plus âgées. Grâce à leur maturité intellectuelle et affective, elles sont capables de prendre des décisions à la fois spirituelles et rationnelles, qui sont basées sur les conseils de Dieu. Quelle que soit l'expérience de la masturbation durant l'adolescence, chaque adulte doit assumer aujourd'hui la responsabilité de ses actes. Certes, ses expériences dans le passé affectent sa situation actuelle, et rendent le changement plus ou moins difficile. Pourtant, cela ne doit pas servir de prétexte.

L'impulsion sexuelle vient de Dieu et fait partie de toute personne normalement constituée. En avoir honte revient à douter de la bonté de Dieu à notre égard. En faire un mauvais usage contrarie la joie à laquelle Dieu nous a destinés. Dieu nous a créés avec de nombreux désirs et des impulsions dont nous pouvons faire bon ou mauvais usage. Suivant son contrôle et son application, la sexualité est capable, soit d'affermir, soit de détruire les relations humaines.

D'importantes différences existent entre la sexualité masculine et féminine. Chez les hommes, l'impulsion sexuelle se développe fortement pendant l'adolescence, et exige une délivrance. Au stade de la puberté, le corps crée des spermatozoïdes qui s'accumulent dans la vessie séminale. Après accumulation, l'impulsion sexuelle augmente, en exigeant l'expulsion de ces fluides. L'impulsion sexuelle de l'homme est d'ordre biologique, aussi bien que psychologique et sentimentale. Ce qu'il voit et pense influe sur ses désirs, et son impulsion réagit rapidement et énergiquement aux images ou aux caresses.

Dieu a conçu l'homme pour que son corps expulse le fluide séminal lors des « émissions nocturnes ». Au début de la puberté, un garçon risque de se sentir gêné comme s'il urinait au lit. Les parents devraient expliquer que c'est une fonction naturelle et en fait l'encourager. Hormis les émissions nocturnes, la délivrance nécessaire se réalisera probablement à travers la masturbation ou les rapports sexuels. D'un point de vue biologique, la masturbation ne se révèle pas indispensable.

A cause de ses impulsions sexuelles et de l'aspect plus visible des parties sexuelles, la masturbation se développe de façon quasiment automatique chez l'homme. Il faut donc un choix déterminé, un acte de volonté, pour l'éviter.

Les désirs érotiques d'une femme comportent des différences importantes. Ses impulsions ne s'accroissent pas jusqu'à un moment de délivrance. Sa sexualité, excitée plutôt de l'intérieur, intègre davantage le corps et l'esprit. L'homme se masturbe de façon « naturelle » pour trouver la délivrance. Chez la femme, cette pratique doit s'apprendre. En revanche, une fois qu'elle en a pris l'habitude, la femme a plus de mal à s'en débarrasser.

Les caresses, plutôt que les images, excitent les désirs sexuels d'une femme. Dans le passé, les femmes regardaient rarement des images érotiques. Aujourd'hui, leurs désirs sont excités par la quantité de stimulis visuels qui se rajoutent aux expériences antérieures de masturbation ou de relations sexuelles. Même si la femme prend moins facilement l'habitude de la masturbation, il n'est pas moins vrai qu'elle l'abandonne plus difficilement. Un sexologue américain affirme : « Puisque l'impulsion sexuelle d'une jeune femme n'aboutit pas à une délivrance, la masturbation ne serait qu'un plaisir personnel, ainsi qu'un reniement des desseins sociaux et spirituels de Dieu pour la relation conjugale : les deux deviendront une seule chair. L'orgasme féminin n'est pas seulement un phénomène biologique. Il s'agit également d'une réponse affective devant celui qui l'aime – son mari. »

La masturbation est un problème répandu. Il ne faut pas avoir peur d'en parler, car des hommes et des femmes trouvent cette habitude accablante, et ressentent le besoin d'aide pour s'en sortir. La compassion, et non la condamnation, sera la réponse à apporter. Les chrétiens qui légitiment la masturbation en ignorent souvent les désagréments.

Dans leur excellent livre, *Ce plaisir-là*, Walter et Ingrid Trobisch disent : « Il nous semble plutôt qu'à mesure que s'effacent les tabous sexuels, la masturbation devient, individuellement, un problème plus difficile. La conclusion rationnelle : 'objectivement, on ne fait rien de mal', n'étouffe pas l'impression subjective d'une défaite qui fait honte. Malgré tous les arguments apaisants donnés en faveur de la masturbation, il est peu d'êtres qu'elle rende vraiment heureux ». Ils disent plus loin : « la masturbation n'est pas une maladie. C'est un symptôme, le signe d'un problème plus profond ... Habituellement, ce qu'il y a au fond, c'est le sentiment qu'on est insatisfait de soi, de sa vie, et qu'on essaie d'oublier ce sentiment en se donnant un court moment de plaisir».

Ma conclusion est que la masturbation ne devrait pas faire partie de la vie d'un chrétien. I Corinthiens 6 v. 18-20, Galates 5 v. 19, et I Thessaloniciens 4 v. 3-7 s'adressent à la question du bon usage sexuel du corps : « Ce que Dieu veut, c'est votre sanctification, c'est que vous vous absteniez de l'inconduite ; c'est que chacun de vous sache tenir son corps dans la sainteté et l'honnêteté, sans se livrer à une convoitise passionnée comme font les païens qui ne connaissent pas Dieu». (I Thessaloniciens 4 v. 3-5). Bien que certains n'iraient pas jusqu'à dire que la masturbation est un péché, il est clair qu'elle est la conséquence de la convoitise. Dans la liberté de Sa grâce, Dieu nous permet de choisir ce qui est juste à ses yeux.

Suggestion pratiques pour vaincre la masturbation

Il n'existe pas de recette, mais voici quelques idées qui peuvent vous être utiles.

1. Soyez personnellement convaincu. Croyez-vous réellement, d'un point de vue biblique, que la masturbation est mauvaise, et de façon plus précise qu'elle l'est pour vous ? Etudiez la Bible pour vous forger la conviction que Dieu a conçu les rapports sexuels pour l'unique contexte du mariage. Par exemple, regardez I Corinthiens 6 v. 15-18, Galates 5 v. 19, Matthieu 15 v. 19, Job 31 v. 1, I Thessaloniciens 4 v. 3-7 et Proverbes 6 v. 25-33.

2. Prenez une décision. Vous devez décider si vous voulez vraiment faire le nécessaire pour vaincre la masturbation, par un acte de volonté, car la chair est faible. Vous avez *besoin* de la victoire, même si vos désirs disent le contraire.

3. Comptez sur la puissance de Dieu dans la prière. Si vous êtes convaincus que la masturbation est un péché pour vous, demandez pardon à Dieu (voir I Jean 1 v. 9). Et à partir de 1 Corinthiens 10 v. 13, demandez-lui la victoire sur la tentation. Mais n'attendez pas d'être en pleine tentation. La prière est plus efficace lorsqu'elle est préventive.

4. Dominez vos pensées. Comme la masturbation naît dans l'esprit, une manière sûre de la vaincre consiste à ne pas vous arrêter sur des pensées érotiques.

5. Contrôlez vos yeux. Evitez de regarder tout ce qui

stimule votre sensualité. Il s'agit, bien entendu, d'un regard scrutateur et non pas d'un regard accidentel.

6. Evitez la tentation. Certaines circonstances prédisposent à la masturbation : fatigue, solitude, etc ... Sachez reconnaître celles qui provoquent votre chute, et essayez de les éviter ou modifiez-les, déplacez-les, discutez avec quelqu'un.

7. Résistez. La volonté de vaincre est plus importante qu'aucune technique de diversion. Aucune habitude ne se perd sans peine. Néanmoins, une première résistance à la tentation rend la seconde plus facile.

8. Trouvez d'autres occupations. L'exercice physique aide à dissiper les tensions et les impulsions sexuelles. Et en s'intéressant sincèrement aux autres, vous échappez à l'égocentrisme qui est la racine de la masturbation. Aider quelqu'un d'autre à vaincre ses péchés peut vous aider à en faire autant.

9. Parlez-en avec un ami. Tant que vous lutterez tout seul contre la masturbation, toute la motivation devra venir de l'intérieur de vous-même. Souvent le fait d'en discuter avec un ami ou un conseiller digne de confiance peut vous inciter davantage à changer. Vous avez besoin d'un point de vue objectif.

10. Attendez-vous à la victoire. Une victoire totale est-elle réellement possible ? Oui, elle l'est. Une femme témoigne : « J'y ai renoncé. Ce ne fut pas sans combats, ni sans défaillances, mais j'ai cessé. Je désirais l'Esprit de Dieu plus que je ne désirais l'excitation physique fugitive. Et par-dessus tout, je commençai à voir que la continence avait un sens pour se préparer à un partage réel avec quelqu'un de réel ». (Ce plaisir-là, page 119).

11. Si vous rechutez ? Les habitudes profondément ancrées ne s'abandonnent pas du jour au lendemain. L'échec est presque inévitable, même suite aux meilleures résolutions. Si vous tombez, confessez votre péché (I Jean 1-9) et continuez à lutter contre la masturbation. Ne vous laissez pas davantage gagner par le découragement vis-à-vis de ce péché que vis-à-vis d'un autre. Vous constaterez des périodes de victoire de plus en plus longues. La masturbation ressemble à l'acoolisme dans la mesure où il faut la même discipline pour se libérer de ces deux habitudes. Quel que soit le nombre d'échecs, ne baissez pas les bras. Dieu vous accordera la victoire ultime. Walter Trobish raconte l'expérience d'une fille : « Cela ne l'aurait aidé en rien si nous avions tenté de la convaincre qu'il n'y avait là (dans la masturbation) rien de mal. Elle avait l'impression d'être vile et impure. Tout d'abord, nous l'avons entraînée à observer de plus longs intervalles, et en même temps nous nous sommes attaqués à son problème de solitude ... Peu à peu, c'est devenu moins fréquent, et aujourd'hui elle est tout à fait libérée : mais il a fallu presque un an ». (Ce plaisir-là, page 84).

En résumé, la masturbation est révélatrice de besoins plus profonds, tels l'absence ou le manque de communion avec Dieu, ou des problèmes affectifs non-résolus. Malgré l'opinion actuelle en faveur de la masturbation, la majorité des personnes éprouvent les sentiments suivants : « J'avais craint seulement une chose : que la réponse redirait ce qu'on lit partout aujourd'hui : « Continuez à le faire et ne vous tracassez pas. Ca ne vous fera aucun mal. Ce sera peut-être même utile à votre croissance sexuelle. » Tout ce que je sais moi, c'est que de pareils conseils ne m'aident pas, mais contredisent quelque chose que je sens en moi. Aussi mon conflit se serait-il tout simplement accentué si vous m'aviez répondu de cette façon. » (Ce plaisir-là, page 18).

Qu'en est-il de vous ? Que dit votre conscience lorsque vous lisez les textes de la Bible ayant trait à la sexualité et à l'emploi convenable de votre corps selon Dieu ? Soyez ferme. A partir de la Bible et de votre conscience, déterminez ce qui est juste, et agissez en conséquence.

L'amour et la vie affective

Ressentir de l'affection pour quelqu'un est souvent, mais pas toujours, question de morale sexuelle. Nous pouvons sincèrement et en toute pureté aimer les autres. Mais dans le contexte, il se peut qu'une personne mariée éprouve, petit à petit, plus de sentiments pour son ami(e) que pour son conjoint.

Le processus commence par des regards et des échanges superficiels. Ensuite se produisent des conversations plus longues et « profondes », souvent en rapport avec des sentiments personnels. Puis, on imagine des rapports sexuels, tout en comparant l'autre à son conjoint. Après, viennent les contacts physiques. Et à la fin, toute l'affection est transférée de son conjoint à l'autre personne.

Le développement et la séquence peuvent varier, mais la conséquence d'une telle relation est toujours la même : des mariages brisés et le divorce. Dans la plupart des cas, l'adultère est l'aboutissement du cycle déclenché par des pensées érotiques.

L'Ecriture nous met en garde : « Tu ne convoiteras pas la femme de ton prochain » (Exode 20 v. 17). Surveillez vos sentiments car il est possible de tomber amoureux de n'importe qui. Ne vous permettez pas d'assouvir vos besoins émotionnels dans une relation en dehors du mariage.

Un célibataire peut mener une relation de la même manière. Soit il se laisse diriger par Dieu jusqu'au mariage, soit il s'engage dans une relation surtout physique qui ne connaît ni l'engagement, ni le sacrifice de l'amour véritable.

Sortir

Le fait de sortir est une coutume moderne. Le Bible ne la mentionne, ni ne la condamne. Pourtant, que les gens sortent pour s'amuser ou pour trouver un époux, la pratique est devenue monnaie courante dans la culture occidentale.

Nombreux sont ceux qui mettent en parallèle la fréquentation et les rapports sexuels. Mais, la majorité des chrétiens voit la fréquentation comme un moyen d'approfondir une relation avant l'intimité du mariage. Quel est le type de relation physique juste et convenable pendant cette période ? Les propos suivants s'adressent aux jeunes adultes, car ce sont eux qui sortent le plus souvent dans le but de trouver un époux.

Bien que la Bible garde le silence au sujet de la fréquentation, elle parle de façon emphatique quant au dérèglement et à la convoitise. Nous devons éviter l'éveil de désirs sexuels qui ne peuvent pas être comblés en dehors du mariage. Peut-être pensez-vous qu'à l'approche des fiançailles et du mariage, il faut être « mort », ou entièrement insensible pour respecter cette norme. Mais s'il s'agit d'un amour vraiment désintéressé, Dieu est capable de réorienter nos pensées et actes. Le couple qui désire honorer Dieu en gardant leur corps pour le mariage, expérimente la puissance de Dieu dans une perspective nouvelle.

Plus l'engagement des fiancés grandit à l'approche du mariage, plus il leur est difficile de se retenir sur le plan physique. Il vous faut fixer des limites précises à partir de l'enseignement biblique, en rapport avec la sexualité. Voici quelques sujets de réflexion :

1. Expériences sexuelles du passé. Si vous avez déjà fait de telles expériences, il faudrait vous imposer plus de contraintes, car étant déjà sexuellement éveillé, vous êtes davantage sensible à toute stimulation érotique. Et si, en même temps vous êtes chrétien depuis peu, peut-être devriez-vous renoncer à sortir avec votre ami(e) pendant un temps, afin de développer des attitudes bibliques envers la fréquentation et le mariage.

2. Sorties avec un autre couple. Au début d'une relation, limitez le nombre de sorties à deux. La présence d'un autre couple empêche une trop grande mise en valeur de l'aspect physique de la relation.

3. Les étapes d'une relation. Visez d'abord les côtés spirituels et intellectuels. On n'a pas besoin de contacts physiques pour avoir des échanges profonds.

4. Relations physiques prématurées. Dès qu'un couple entame une relation physique, le point de mire de la relation change de façon dramatique. Si ce phénomène se produit au début, l'aspect physique de la relation étouffe la communication spirituelle et intellectuelle. Il vaut mieux éviter *tout* contact physique (étreintes, baisers prolongés), même au début d'une relation sérieuse. Ne permettez pas à cet aspect de l'amitié de réprimer ce qui représente les vrais fondements d'un mariage heureux : l'intimité spirituelle et intellectuelle.

5. Caresses et baisers. Quand on se tient par la main, c'est une chose. Quand on se caresse et s'embrasse longuement, c'en est une autre. Quoi de plus naturel à l'approche du mariage ? Mais où s'arrêter ? Nous pourrions dire : « Pas de baisers avant le mariage ». Or, la Bible ne le dit pas.

Le problème se pose lorsqu'il s'agit de caresses et de baisers prolongés, car l'aboutissement naturel en est l'acte sexuel. Bien que des limites précises soient discutables, chacun reconnaît le moment où naît l'excitation sexuelle. Ceci correspond aux limites bibliques ayant trait à l'immoralité et au dérèglement (voir I Thessaloniciens 4 v. 3-7). Après avoir marqué ces normes, discutez-en avec votre ami(e) et, en vue du mariage, fixez ensemble des limites appropriées à chaque étape de la relation.

6. Un nouveau départ. Si vous avez déjà franchi ces limites, il faut revenir au départ. D'habitude, il faut renoncer à toute relation physique afin de rebâtir des fondements solides. Si votre conscience vous a convaincu de péché dans votre conduite, ne mettez pas en danger votre mariage futur en vous conformant au statu quo.

7. Maîtrise de soi. La maîtrise de soi est probablement l'atout le plus important dans la réussite de sa fréquentation et de son mariage. L'amour véritable cherche réellement le bien de l'autre. C'est une force à dominer, une énergie à freiner. En contrôlant son impulsion sexuelle avant le mariage, la maîtrise de soi engendre la confiance et l'estime de soi, plutôt que l'embarras et la méfiance. Ne gâchez pas prématurément le plus grand investissement du mariage, le don total de soi.

Ces idées semblent probablement contradictoires à celles de la société actuelle, et même à vos expériences personnelles. Mais les chrétiens sont appelés à vivre selon des normes différentes.

AIDES PRÉCIEUSES POUR RESTER MORALEMENT PUR

La sainteté

Ce thème a pratiquement disparu dans l'enseignement et les échanges parmi les chrétiens. Pourtant, il est commandé : « Mais, de même que celui qui vous a appelés est saint, vous aussi devenez saints dans toute votre conduite, puisqu'il est écrit : « Vous serez saints, car je suis saint ! » (I Pierre 1 v. 15-16).

Les Ecritures enseignent deux aspects de la sainteté. Le premier touche à notre position sainte et juste devant Dieu, laquelle se réalise lorsqu'on croit personnellement en Jésus-Christ comme sauveur. Le salut, acquis par la mort et la résurrection du Christ, est l'unique voie vers une position sainte devant Dieu.

Paul a écrit : « Et vous, qui étiez autrefois étrangers et ennemis par vos pensées et par vos œuvres mauvaises, il vous a maintenant réconciliés par la mort dans le corps de sa chair, pour vous faire paraître devant lui saints, sans défaut et sans reproche. » (Colossiens 1 v. 21-22). Ici, la sainteté signifie une mise à part pour Dieu en vue du salut. Si vous ne connaissez pas ce salut, vous serez incapable de vaincre le péché et d'expérimenter le deuxième aspect de la sainteté, qui touche de plus près à notre conduite : « Ne savez-vous pas que vous êtes le temple de Dieu, et que l'Esprit de Dieu habite en vous ? Si quelqu'un détruit le temple de Dieu, Dieu le détruira ; car le temple de Dieu est saint, et c'est ce que vous êtes ». (I Corinthiens 3 v. 16-17).

Paul a dit : « Car Dieu ne nous a pas appelés à l'impureté, mais à la sanctification (sainteté) » (I Thessaloniciens 4 v. 7). Il nous incombe de chercher la sainteté, non pour mériter le salut, mais plutôt afin de mener une vie pure. Nous sommes appelés à nous purifier de toute souillure de la chair et de l'esprit, en développant jusqu'à son terme la sainteté dans la crainte de Dieu ». (II Corinthiens 7 v. 1).

Le désir de Dieu est-il le vôtre ? « Heureux ceux qui ont le cœur pur, car ils verront Dieu » (Matthieu 5 v. 8).

Communion personnelle avec Dieu

Beaucoup de personnes sont rassurées en ce qui concerne leur salut, mais, faute d'une relation quotidienne avec Dieu, n'arrivent pas à vivre selon la sainteté. Tendre vers la pureté en s'appuyant sur ses propres forces, sans une communion journalière avec le Christ, est comme si l'on essayait de remettre de la pâte dentifrice dans son tube : beaucoup d'efforts, sans résultats. La lecture et la méditation quotidienne des Ecritures, ainsi que la prière, sont absolument nécessaires à la survie du chrétien. Or, il est possible de maintenir ces pratiques tout en vivant dans un état de péché. Si tel est le cas, on se sent misérable.

S'il vous faut apprendre à vous recueillir, prenez cinq ou dix minutes pour vous nourrir de la Parole de Dieu. Vous serez transformé, et vous y retrouverez de la force pour résister au péché.

La mémorisation des Ecritures

Le péché étant engendré dans les pensées il nous faut remplir l'esprit de ce qui est juste. Quoi de meilleur que les Ecritures ? Je vous encourage à apprendre des versets par cœur de façon régulière.

Obéissance et maîtrise de soi

Les chrétiens qui flânent au cours de la vie, en suivant leurs impulsions, ne se forgeront jamais un caractère fort. A moins d'exercer la volonté et la maîtrise de soi, la connaissance,

même accumulée, ne changera jamais votre vie. Les commandements évidents de l'Ecriture sont à prendre au sérieux.
L'obéissance et la maîtrise de soi vont de pair. « Garde ton
cœur *plus que toute autre chose*, car de lui viennent les
sources de la vie ». (Proverbes 4 v. 23). « Choisissez aujour-
d'hui qui vous voulez servir » (Josué 24 v. 15). Si vous
m'aimez, vous *garderez* mes commandements ». (Jean 14
v. 15).
Si vous désirez mener une vie sainte, prenez des décisions
fermes, et apprenez à dominer vos désirs. Ces deux vertus
pénétreront tous les domaines de votre vie.

La communion fraternelle

Aucun d'entre nous ne peut tenir seul. Malgré la bravade
d'autosuffisance et d'indépendance que la société nous
impose, nous sommes faibles dans notre for intérieur et
éprouvons un besoin énorme des autres. « Deux valent mieux
qu'un, parce qu'ils ont un bon salaire de leur peine. Car s'ils
tombent, l'un relève son compagnon ; mais malheur à celui
qui est seul et qui tombe, sans avoir un second pour le
relever ! » (Ecclésiaste 4 v. 9-10). L'une des meilleures façons
de se protéger du péché et d'une moralité douteuse consiste à
nouer des relations profondes avec d'autres chrétiens. Il nous
faut des gens qui s'intéressent réellement à nous, qui « creu-
sent » pour connaître notre véritable état spirituel. Connaissez-vous une telle personne ?
   Lorsque nous péchons, nous évitons, malheureusement,
la compagnie d'autres chrétiens. C'est alors qu'il faut nous
forcer à aller vers eux, étant prêts à partager ouvertement nos
problèmes. Condidérez Hébreux 10 v. 24-25 : « Veillons les
uns sur les autres pour nous inciter à l'amour et aux œuvres
bonnes. N'abandonnons pas notre assemblée, comme c'est la
coutume de quelques-uns, mais exhortons-nous mutuelle-
ment, et cela d'autant plus que vous voyez le jour s'appro-
cher ». Nous avons besoin de l'église, de l'ensemble des
croyants sur le plan local. Souvent, l'influence d'une église
locale sur le comportement individuel des paroissiens semble
relever du légalisme. Pourtant, de nombreuses personnes ont
précisément besoin de limites qui les gardent d'associations et
d'activités susceptibles de les tenter et de les amener à pécher.
Ne vivez pas en chrétien solitaire. Intégrez-vous, dans un
groupe qui vous nourrit, encourage et protège.

Evitez les situations compromettantes

Beaucoup de chrétiens traitent la tentation avec insouciance, en essayant de voir jusqu'où ils peuvent aller sans tomber. Vous vous connaissez : vos faiblesses, vos problèmes et vos tentations. Quand vous êtes conscient des circonstances, des lieux et des personnes qui vous mettent en danger de pécher, un seul conseil s'impose : Evitez-les ! Fuyez-les ! Eloignez-vous-en ! Malgré la pression du conformisme ou le risque d'être mal vu, adoptez la manœuvre la plus sensée de l'aviateur à la rencontre de la tempête – un virage à 180 degrés. « N'entre pas dans le sentier des méchants et ne t'avance pas dans la voie des hommes mauvais. Evite-la, n'y passe pas ; détourne-toi et passe outre » (Proverbes 4 v. 14-15). Il vaut mieux être « lâche » et en bonne forme spirituelle qu'être un combattant vaincu. Le vrai courage consiste à fuir et à ne pas rester pour « sauver la face ».

Une étude biblique sur la sexualité, l'amour et le mariage

Prenez le temps d'étudier les passages bibliques mentionnés dans ce chapitre afin de forger vos propres convictions.

Au sujet de l'amour, cherchez des versets dans une concordance et faites un plan selon les thèmes suivants : l'amour de Dieu, l'amour de l'homme pour Dieu, l'amour entre les hommes et l'amour conjugal. Etudiez en particulier I Corinthiens 13, I Jean 13 v. 34-35 et Jean 21 v. 15-17.

En ce qui concerne la sexualité, étudiez le livre des Proverbes, en regroupant les versets appropriés par thèmes. Des passages déjà mentionnés, I Corinthiens 7 est surtout à retenir.

Quant au mariage, étudiez Ephésiens 5, Proverbes 31, I Corinthiens 7 et I Pierre 3. La source première de la direction doit se trouver dans la Parole de Dieu, son Esprit et votre conscience, plutôt que dans l'opinion de l'homme.

Changement de vie

Les habitudes meurent lentement, surtout celles qui nous plaisent. En vous examinant honnêtement, vous ressentez peut-être le besoin de renouveler entièrement vos pensées et votre comportement dans le domaine de la morale sexuelle. Ceci demande du temps, du travail et de la patience. Soyez prêts à passer par des changements, en développant de nouvelles habitudes constructives.

Bien-être physique et mental

On est davantage susceptible de se laisser piéger par le péché lorsqu'on est abattu physiquement, émotionnellement et mentalement. Un moyen indispensable pour contrer la tentation est de rester en forme en ayant une alimentation saine, suffisamment de repos et d'exercice physique.

De même vous devez garder la forme mentale. Maintenez un esprit actif, en vous instruisant sans cesse de ce qui concerne votre épanouissement personnel et professionnel. La vie intérieure s'effrite quand l'esprit reste inactif, et que des pensées douteuses commencent à dominer. La tête n'est jamais vide. De quoi la remplissons-nous ?

Echec et pardon

L'échec fait partie de la vie humaine, tout comme le pardon est une qualité divine. « Nous bronchons tous de plusieurs manières » (Jacques 3 v. 2). Paul a décrit sa propre lutte de la manière suivante : « Je ne fais pas le bien que je veux, mais je pratique le mal que je ne veux pas ». (Romains 7 v. 19). Pourtant l'apôtre a enseigné que nous pouvons remporter la victoire en Christ.

Si vous œuvrez aux différentes questions morales se posant dans votre vie, vous rencontrerez quelques échecs. Mais Dieu est plus grand que vos échecs. Satan veut vous décourager pour que vous baissiez les bras, et qu'ainsi vous vous livriez entièrement au péché. Dieu désire tout simplement que vous confessiez vos péchés et que vous mettiez en pratique Romains 13 v. 14 (Français Courant) : « Revêtez-vous de la vie nouvelle qui est en Jésus-Christ et ne vous laissez plus entraîner par votre propre nature pour en satisfaire les désirs ».

Grâce à Jésus-Christ, la victoire vous appartient.

---

1. Dans un sondage du « Nouvel Observateur » en mars 1984, 67 % des jeunes de 15 à 20 ans interviewés, avaient déjà eu des rapports sexuels.
2. « La méthode de mémorisation de la Bible », publiée par Navpresse, propose un plan simple pour débuter.

12

COMMENT DÉVELOPPER DES CONVICTIONS BASÉES SUR LA BIBLE

Pourquoi croyons-nous comme nous le faisons ? Comment pouvons-nous savoir que nos convictions sont basées sur la Bible et être en accord avec elles ? Devrions-nous développer des convictions uniquement en ce qui concerne la doctrine, ou bien devraient-elles aussi inclure notre style de vie, le mariage, l'éducation des enfants, notre stratégie et notre méthode dans le ministère et d'autres domaines « non doctrinaux » de la vie ?

Dans de nombreuses églises et organisations chrétiennes, on considère que les convictions relatives à l'attitude et à la bonne conduite dans les affaires, sont aussi importantes que la doctrine biblique. Ceux qui appartiennent à ces groupes souscrivent d'une certaine manière à ces mêmes convictions. Ainsi, les convictions (et même les doctrines) de nombreuses personnes se développent non à partir de leur recherche personnelle, mais de leur milieu familial, de leur culture et de l'environnement spirituel dans lequel ils ont été élevés.

Ces sujets font appel à notre être émotionnel pour la plupart d'entre nous, mais nous devons examiner les convictions qui sont actuellement les nôtres, et nous appliquer à développer de vraies convictions basées sur la Bible. Les convictions personnelles sont importantes. Sans elles, une personne est dépourvue de bases solides dans sa vie et ses actes. Elle perd sa stabilité et le respect des autres.

En apprenant les principes qui nous permettent de développer des convictions basées sur la Bible, nous pouvons alors cultiver nos convictions dans les domaines flous de la morale et de l'honnêteté, que la Bible n'aborde pas de façon spécifique. Mais avant tout nous devons faire la distinction entre les préjugés et les convictions. Beaucoup de nos convictions jalousement gardées ne sont que des préjugés hérités de notre passé. Nos préjugés sont des opinions, pas nécessairement fondées sur des faits, mais plus vraisemblablement sur un attachemement purement émotionnel.

Nous rencontrons des préjugés chaque jour. Récemment, ma femme Marie alla à la banque pour un transfert de titre de propriété d'une remorque que nous avions achetée. A la banque, elle rencontra l'homme qui nous l'avait vendue. Il était fermier, spécialisé dans l'élevage des porcs, et arriva habillé de son bleu de travail et d'une chemise assortie. Il était corpulent et bégayait quand il parlait. Alors qu'ils s'asseyaient en face du bureau de la jeune femme notaire, Marie la regarda pendant que l'homme signait le titre de propriété. La jeune femme ressentait visiblement du dédain et du mépris pour lui. Ses préjugés étaient évidents.

Les nôtres transparaissent à travers la manière dont nous accomplissons les choses. L'expression « nous avons toujours fait comme cela » nous montre la force des préjugés. Même devant des faits établis et démontrés, les préjugés poussent quelqu'un à s'accrocher à sa méthode et à ses opinions.

Les préjugés sont définis comme étant un jugement ou une opinion préconçus, une opinion ou une tendance à s'opposer à n'importe quoi, sans fondements réels ou sans connaissances suffisantes. Quand vous prenez une décision, cherchez à savoir si elle est le fruit d'une conviction, qui a été évaluée et étudiée, ou seulement le fruit d'un préjugé. Quelqu'un disait un jour : « la différence entre une conviction et un préjugé est que vous êtes capables d'expliquer une conviction sans vous mettre en colère. » Apprenez à développer vos convictions et à supprimer vos préjugés.

Dans les milieux chrétiens, nous découvrons des convictions dans de nombreux domaines, tels que dans les doctrines, l'interdiction de certaines activités, et dans les méthodes de direction d'une église. Dans la plupart des cas, nous faisons référence à ces convictions comme étant des convictions « Bibliques », mais le sont-elles vraiment ? Considérons le schéma de la figure 2.

Nous étudions la Bible pour apprendre la doctrine, cette dernière étant la fondation de notre croyance. Chaque chrétien a besoin de cette base vitale. La Parole contient éga-

Croyance

Doctrine

Méthodes du ministère

Etude de la Bible ← → Principes

Conduite

Commandements directs

Structure de l'église

Obéissance

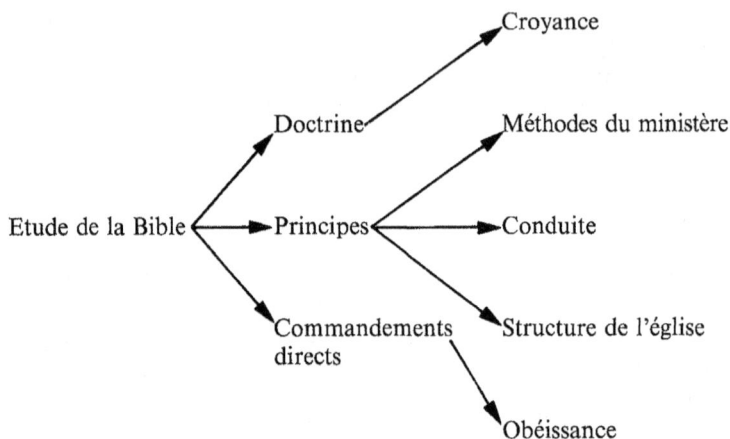

Figure 2. La Bible comme source de convictions.

lement des commandements directs – aime ton prochain, fais confiance à Dieu, ne commets pas d'adultère – auxquels nous nous devons d'obéir. Mais il y a beaucoup de domaines dans la vie qui ne sont pas directement touchés par la doctrine ou les commandements. Donc, nous devons découvrir des principes ou des exemples bibliques, tels que ceux ayant trait à l'adoration, au don, à l'évangélisation et à la formation de disciples. De ces principes nous tirons des applications qui nous font adopter certaines attitudes et certains modes de conduite.

Il nous faut continuellement garder en mémoire une chose très importante : nous sommes éloignés de la Parole de deux degrés quand nous essayons d'appliquer des principes bibliques à nos vies. Pour discerner ces principes, nous devons émettre certaines hypothèses, ou des généralisations, à propos de ce que la Bible dit. Cela nous écarte d'un premier degré. Ensuite au second degré, nous élaborons une application spécifique de ces principes bibliques. Généralement, à ce moment précis, nous devenons dogmatiques et insistons sur le fait que cette application particulière est la seule « vraie » manière de le faire, par qui que ce soit. Il est possible que cela soit vrai, mais il faut nous souvenir que nous sommes arrivés à ces conclusions suite à une étude biblique personnelle, passant par l'élaboration d'un principe, puis de son application. Comme vous pouvez le constater, il existe un grand danger dans la tentative d'imposer ces applications à tous les chrétiens en quelque lieu que ce soit. Ainsi, si vous développez des convictions personnelles, faites ce que vous pouvez pour établir la distinction entre celles qui sont directement basées sur la Bible et celles qui sont éloignées au premier ou au second degré de l'enseignement de la Parole. Toutes sont valables. L'esprit de Dieu nous montre vraiment les attitudes qui doivent être les nôtres dans différents domaines de la vie, sans qu'il nous soit toujours indiqué un commandement à ce sujet.

Alors, bien sûr, nous devons aussi apprendre à reconnaître les opinions des croyances non basées sur des principes, ni sur des commandements bibliques, mais totalement sur nos préjugés. Nous ne devons pas les confondre avec des convictions bibliques, mais seulement les considérer comme nos préférences.

Pourquoi devrions-nous cultiver des convictions personnelles ? A propos d'une discussion où il s'agissait de savoir s'il était juste de manger certaines choses douteuses, ou de considérer une journée particulière comme sacrée, l'apôtre Paul disait : « Pour l'un, il y a des différences entre les jours ; pour l'autre, ils se valent tous. Que chacun, en son jugement personnel, soit animé d'une pleine conviction. » (Romains 14 v. 5). Il nous adressait aussi des avertissements à propos de « ainsi, nous ne serons plus des enfants, ballotés, menés à la dérive, à tout vent de doctrine, joués par les hommes et leur astuce à nous fourvoyer dans l'erreur. » (Ephésiens 4 v. 14) De nombreuses fausses doctrines prennent leur source en mettant l'accent sur des questions que la Bible ne nous enseigne pas vraiment de façon claire. Nous devons savoir ce que nous croyons, mais nous devons aussi savoir quels sont les domaines relatifs à notre conduite, qui nous sont clairement enseignés par la Bible, et quels sont les sujets qui relèvent plutôt de notre conscience, ou d'un choix personnel, et d'une direction qui nous provient de Dieu.

Développer les convictions personnelles est nécessaire à une vie chrétienne stable. Grâce à cela, en prenant des décisions pour certains domaines de notre conduite, nous n'avons pas besoin de repenser aux mêmes problèmes chaque fois que nous les rencontrons. Agir ainsi reviendrait à dépenser notre énergie émotionnelle. Nos convictions devraient poser certaines lignes directrices, nous évitant d'être submergés par nos réactions émotionnelles face aux problèmes qui se posent à nous.

Souvenons-nous aussi que les convictions ne sont pas toujours de nature permanente. Des faits et des enseignements nouveaux – particulièrement de nouveaux éclairages bibliques – peuvent nous inciter à réexaminer notre façon de penser. Gardons-nous d'être imperméables au changement, soyons cependant pleinement convaincus de ce que nous pensons pour l'heure.

LES SOURCES DE CONVICTIONS

Les convictions se développent à partir de nombreuses sources. Le première chose à faire pour acquérir des convictions basées sur la Bible, est d'arriver à identifier la source de nos sentiments face à une situation donnée. Aucun de ces sentiments n'est illégitime, et ils peuvent être tout à fait fondés sur les Ecritures. Mais il nous faut être sûrs que la Bible forme le fondement de nos convictions, plutôt que la confiance en nos sentiments.

Notre arrière-plan

Beaucoup de ce que nous croyons et pratiquons vient de notre arrière-plan familial et culturel. Durant de nombreuses années, passées dans l'aide et le conseil aux jeunes et étudiants en particulier, je suis souvent resté perplexe devant certains aspects de leur personnalité et de leurs préjugés. Quand il m'arriva de rencontrer leurs parents, je compris mieux le caractère de l'étudiant. La ressemblance dans l'élocution, les manières, les attitudes, les faits et gestes ainsi que dans l'apparence entre parents et enfants, était frappante.

L'endroit où nous avons grandi, notre condition sociale et notre héritage social, tout cela jette les bases de nos convictions et de nos préjugés pour une vie entière. C'est justement parce qu'ils font partie intégrante de nos vies, qu'ils sont difficiles à identifier et plus difficiles à comparer avec l'enseignement des Ecritures. Cultiver des convictions basées sur la Bible nous engage à mettre face à face ce que nous enseigne la Bible et ce que nous avons hérité de convictions de par notre passé. Certaines changeront. Beaucoup demeureront. Toutes doivent être éprouvées.

L'expérience

L'enfant qui se brûle un doigt au contact d'un four chaud apprend à ne pas toucher les fours chauds. Un père autocratique et abusif apprend à un enfant à éviter une telle compagnie. Nos expériences sont à l'origine d'une multitude de convictions et de préjugés, même si nous n'en prenons pas conscience. L'expérience est une bonne enseignante, mais elle ne détient pas toujours la vérité. Nos expériences sont, par essence, personnelles et rendent ainsi toute généralisation impossible. Cependant, nous vivons sous leur dépendance bien plus que nous ne sommes prêts à l'admettre. Peut-être connaissez-vous quelqu'un qui prétend que les Renault sont les meilleures voitures, et qu'il n'admettrait jamais une autre marque ; et quelqu'un d'autre qui affirme la même chose à propos de Peugeot. Tous deux raisonnent à partir de leur expérience personnelle, des faits réels de leur vie. Et nous faisons de même dans la manière d'apprendre certaines choses à nos enfants, de traiter les rhumes et les petites maladies bénignes, ou bien encore de nous adresser à certaines personnes, etc.

L'enseignement

A la maison, à l'école, à l'église, on nous a appris à faire et à croire certaines choses, et à agir d'une certaine manière. Même quand nous exprimons notre propre conviction à propos des croyances ou d'actions d'ordre spirituel, nous pouvons percevoir l'effet de ce qu'on nous a appris. C'est très bien dans de nombreux cas. Personne n'a le temps, ni la capacité d'explorer les nombreuses facettes de ce qu'il convient de croire et de faire ; nous dépendons alors d'enseignants honnêtes et sûrs, qui nous aident à poser les fondements de nos vies. Un enseignement solide est une notion fondée sur la Bible, et c'est là une des fonctions-clés de l'Eglise et de la famille.

Le jeune chrétien a particulièrement besoin d'être enseigné, pour lui permettre d'établir un nouveau système de valeurs. La qualité de l'enseignement et du support utilisé est cruciale. Mais même avec le meilleur enseignement, il nous faut rechercher nous-mêmes dans les Ecritures. Quelqu'un dont les convictions ne viennent que de l'enseignement qu'il a reçu (particulièrement s'il s'agit d'une source unique), devient étroit d'esprit, dogmatique, incapable d'expliquer ou de défendre ses convictions à partir d'une connaissance personnelle des Ecritures. Luc faisait écho à cela quand il faisait l'éloge des Juifs à Berca qui étaient « plus courtois que ceux de Thessalonique, ils accueillirent la Parole avec une entière bonne volonté, et chaque jour ils examinaient les Ecritures pour voir s'il en était bien ainsi. (Actes 17 v. 11).

Les attitudes dans les domaines flous de la vie chrétienne sont plus souvent inspirées par celles d'un groupe, que de convictions soigneusement élaborées. Une telle conformité peut être utile quand les actes sont justes. Mais plus tard la révolte peut s'ensuivre quand on comprend que ces convictions étaient mal fondées, et qu'elles n'étaient que préférences ou préjugés. L'enseignement peut être primordial pour nous, mais si nous nous passons d'une recherche personnelle à partir des Ecritures, cela devient désastreux.

La pression du groupe

« Ne vous y trompez pas ; les mauvaises compagnies corrompent les bonnes mœurs. » (1 Corinthiens 15 v. 33) Nous devenons semblables à ceux qui nous côtoient. Peu importe si nous sommes fiers et indépendants, nous cultivons très vite le langage, les habitudes, les faits et gestes du groupe. Nous nous surprenons également en train d'adopter ses convictions.

La pression venant de la part des chrétiens, peut former ou briser la croissance spirituelle d'un jeune chrétien. Les jeunes chrétiens doivent être engagés au sein d'une église ou d'un groupe de chrétiens plus mûrs. Cette influence peut nous aider jusqu'au moment où nous cultivons nos propres convictions et notre propre mode de vie, car elle procure un garde-fou au péché.

Cependant, l'influence non contrôlée de la part de non-chrétiens peut détruire la vie spirituelle d'un chrétien. L'influence qu'exercent sur nous les amis et collègues de travail peut nous faire faire des choses discutables, peut devenir insupportable. Nous ne devons pas nous éloigner des non-chrétiens, mais nous devons reconnaître et combattre l'influence qu'ils exercent sur nous.

Les convictions acquises

Quand nous grandissons, en tant que chrétiens, certaines personnes exercent sur nous une attraction liée à la qualité de leur vie spirituelle. Qu'il s'agisse de nos enseignants, nos patrons, nos collègues de travail, ou simplement de nos proches. Nous les observons, les écoutons, imitons leurs faits et gestes. Et finalement, nous adoptons leurs convictions. Nous devenons leur disciple personnel comme l'était Timothée envers Paul. Généralement cela n'est pas le fruit du désir de l'un ou de l'autre, mais simplement du contexte dans lequel nous évoluons. Si cela arrive par la volonté de l'un ou de l'autre des partenaires, on appelle cela la formation de disciples, processus biblique, dont l'Eglise a grand besoin de nos jours.

La relation de Paul et de Timothée sur le modèle de la relation père-fils, enseigne les convictions de la manière la plus puissante qui soit connue dans le Christianisme. Dans le but délibéré de former les autres, nous essaierons de les pousser à développer des convictions personnelles à partir des Ecritures. Mais nous exerçons cependant une grande influence sur ceux que nous formons dans le sens d'une conformité à nos propres convictions. Puisque nous savons que nos convictions peuvent devenir celles des autres, nous devrions avoir de bien plus fortes raisons encore de nous assurer que l'exemple et l'enseignement que nous donnons, sont directement fondés sur la Bible.

De même, beaucoup de chrétiens bien en vue exercent sur nous une influence beaucoup plus grande que celle dont nous prenons conscience. Les gens font leurs les opinions et les convictions exprimées publiquement par des chrétiens réputés. Cette influence peut être bonne.

Dans certains domaines théologiques que je n'ai pas eu l'occasion d'étudier sérieusement moi-même, j'ai adopté l'opinion de personnes qui ont prouvé leur sérieux dans d'autres domaines où j'ai moi-même effectué des recherches. Tout chrétien ne peut pleinement édifier une base biblique complète pour chaque question. C'est la raison principale pour laquelle nous avons des enseignants dans nos églises. Il est primordial dans ces conditions que leur compétence soit affirmée.

Paul enseignait aux Philippiens « ce que vous avez appris, reçu, entendu de moi, observé en moi, tout cela mettez-le en pratique. Et le Dieu de la paix sera avec vous ». (Philippiens 4 v. 9) Précédemment il avait dit « or toutes ces choses qui étaient pour moi des gains, je les ai considérées comme une perte à cause du Christ ». (Philippiens 3 v. 7) Paul voulait qu'ils adoptent ses convictions. Mais dans Actes 17 v. 11, nous découvrons combien il est important de comparer tout enseignement que nous recevons avec la Parole. Assurez-vous d'un bon enseignement plutôt que de lire ou d'écouter toutes sortes d'opinions. Puis comparez tout ce que vous lisez et entendez à ce que la Bible dit. Si elle n'en parle pas, usez de grandes précautions avant d'adopter les convictions des autres. Souvenez vous qu'il nous est dit « et nous vous écrivons cela, pour que notre joie soit complète ». (1 Jean 1 v. 4)

N'adoptez les convictions des autres qu'avec précaution et discernement.

La Bible et la conscience

Le passé, l'expérience, l'éducation, la pression du groupe ainsi que les convictions adoptées, doivent être confirmés, modifiés, ou écartés quand nous examinons la Bible et permettons à Dieu de nous diriger à travers notre conscience. La cour d'appel définitive est composée de la Parole et de la conscience.

Les convictions vraiment bibliques, se cultivent en étudiant la Bible et en priant à propos d'applications particulières à nos vies, ainsi que par l'influence personnelle qu'exerce le Saint-Esprit à travers notre conscience. Battez-vous pour ce genre de convictions. Elles résisteront à l'épreuve du temps et des expériences. Toute conviction autre succombera au défi de la vie dans sa réalité.

DOMAINES ET DEGRÉS DE CONVICTION

Exiger une conviction pour chaque fait et geste de la vie ne nous encouragerait pas à développer de conviction. Comment tenir une tasse de thé ? Comment agencer l'argenterie sur une table ? Est-il nécessaire ou non de mettre une cravate pour assister au culte ? Il s'agit là d'autant de sujets à mettre en bout de liste des convictions à rechercher. Nous ne voulons pas perdre de temps en nous souciant de choses qui importent peu.

Lorsque nous sommes amenés à traiter de problèmes plus importants, nous devons tout d'abord saisir le sens du mot « conviction ». Une conviction est une croyance personnelle sur laquelle sont basés certains actes. C'est la motivation, ou la raison, qui sous-tend l'action. On la définit aussi comme étant « une croyance ou une persuasion forte ». Il faut donc qu'une conviction soit fondée. Les convictions n'émergent pas toutes formées.

La doctrine

Les fondements de nos convictions bibliques reposent sur ce que nous croyons à propos de l'enseignement de la Bible sur Dieu, l'homme, le péché, Jésus-Christ et le salut. La connaissance de base de l'enseignement biblique ou de la doctrine, nous amène vers certaines convictions ou croyances. Par conséquent, les convictions doctrinales devraient être élaborées à partir des vérités bibliques fondamentales qui forment les bases de la foi chrétienne. Des convictions doctrinales ont fréquemment séparé les églises et les dénominations, mais en même temps, elles ont forcé les gens à reconsidérer attentivement ce qu'ils croyaient.

Les convictions doctrinales sont importantes. Au minimum vous devriez savoir ce que vous croyez à propos :
• de la divinité de Jésus-Christ
• de l'autorité et de l'inspiration de la Bible
• du salut
• du Saint-Esprit
• de l'Eglise.

Pour édifier ces convictions, étudiez plutôt la Bible que les publications relatives à ce que croient les différentes dénominations. Prenez le temps d'étudier les Ecritures plutôt que d'adopter l'opinion d'autrui. Votre conclusion sera peut-être la même que celle d'une certaine littérature, mais elle aura l'Ecriture pour fondement.

Convictions universelles

Certains faits et gestes sont universellement bons ou mauvais.

Les commandements bibliques directs s'appliquent à tous les chrétiens de par le monde. Ces commandements devraient donc être enseignés à tous et devenir convictions. Par exemple : tous les chrétiens devraient prier. Cette affirmation est vraie pour tous, bien que les réponses aux questions quand et comment sont susceptibles de varier. Cela devrait être une conviction universelle.

La seule autorité pour établir de telles convictions vient de la Bible. Les convictions universelles doivent être basées réellement sur la Bible, plutôt que d'être le résultat d'une interprétation partiale ou biaisée de la Parole ou de la tradition. Ces convictions se développent lentement et durent toute une vie.

Inscrivez plusieurs choses en lesquelles vous croyez et qui devraient être des convictions universelles selon vous. Seulement peu de domaines entrent dans cette catégorie. Les conflits naissent souvent lorsque nous ne faisons pas la distinction entre les convictions personnelles et ce qui devrait être des convictions universelles.

Convictions personnelles

Certaines convictions se développent à partir de notre étude personnelle de l'Écriture, et jettent la base d'une grande partie de notre mode de vie. Bien que nous aimerions voir les autres adopter ces mêmes convictions, elles n'ont pas l'impact de celles établies sur des commandements bibliques directs et universels. Il se pourrait par exemple que j'aie la conviction que je dois prier les yeux fermés et la tête courbée. C'est une pratique personnelle qui m'aide. Je peux encourager les autres à faire de même, mais je ne peux l'exiger.

De nombreuses choses que nous faisons durant la journée tombent sous le contrôle de nos convictions personnelles. Nous ne devons pas vivre portés par les modes, mais en ayant un but à atteindre. Nous avons besoin de comprendre le pourquoi de nos actions et de nos décisions, tout en étant ouverts à de nouvelles informations et de nouveaux enseignements. Les convictions personnelles peuvent se muer en intolérance et en préjugés, à moins qu'elles ne soient périodiquement réexaminées. Nous devons faire appel à la direction du Saint-Esprit et de la conscience pour développer des convictions en relation avec les principes bibliques.

MODES DE DÉVELOPPEMENT DE CONVICTIONS BIBLIQUES PERSONNELLES

Développer des convictions ne constitue pas un événement, mais un processus. Pas à pas, et de découverte en découverte, un processus se développe et aboutit à une conclusion.

Il s'agit aussi d'une démarche personnelle – chaque personne l'étudiant et y réfléchissant pour que la conviction soit personnalisée, plutôt qu'adoptée.

Ce développement doit aussi être « biblique », la Bible étant prise comme point de départ. La Parole fait la différence entre la conviction, les préjugés et l'expérience émotionnelle. Une base biblique permet au Saint Esprit et à la conscience d'utiliser les convictions. Aucune méthode progressive ne sera jamais parfaite. Cependant la méthode qui suit, nous donnera une bonne base pour développer des convictions personnelles avec logique et honnêteté. Alors que vous suivrez ces principes directeurs, Dieu aura l'occasion de vous diriger et d'influencer votre façon de penser et vos convictions.

Les fondements de la vie chrétienne

De nombreux chrétiens s'inquiètent de détails de la vie en Christ, avant de s'occuper des questions principales. Jésus dit « cherchez d'abord le royaume et la justice de Dieu et tout cela vous sera donné par surcroît (Matthieu 6 v. 33). Dieu veut que nous fassions certaines choses en premier. Nous ne devrions pas sauter à la troisième étape avant de nous occuper de la première.

La question fondamentale la plus importante est celle du salut – sachant que nous avons personnellement reçu Christ comme Sauveur, et devenant en cela chrétiens. Cette étape requiert une décision personnelle, changeant notre vie, de recevoir le Pardon du péché que Christ nous offre. (Lisez Romains 3 v. 23, Jean 3 v. 16, Jean 1 v. 12 et 2 Corinthiens 5 v. 17).

Après être devenu chrétien, d'autres biens sont nécessaires pour croître vers la maturité. Ces éléments de la vie chrétienne fournissent des fondements sur lesquels peuvent être construites des convictions personnelles.

1) *Ayez chaque jour un moment consacré à Dieu.* Réservez-vous un temps qui inclut une lecture régulière de la Bible,

une méditation de ce que vous lisez. Prenez le temps de prier pour vous et les autres.

2) *Obéissez à ce que vous savez.* Dieu nous convainc de beaucoup de choses qu'Il veut que nous fassions, avant d'ouvrir d'autres portes sur d'autres horizons. Il y a peut être des domaines de votre vie, des attitudes ou des activités spécifiques, où vous savez que Dieu veut voir intervenir un changement. Obéissez Lui dans ces domaines tout d'abord. Et Dieu vous donnera ensuite une autre vision et une autre direction.

3) *Ayez une communion fraternelle avec d'autres chrétiens.* La vision biblique du corps du Christ nous montre que les Chrétiens ont besoin les uns des autres. Recherchez cette communion dans une assemblée et individuellement, en petits groupes. « Mais encouragez-vous les uns les autres, jour après jour, tant que dure la proclamation de l'aujourd'hui, afin qu'aucun d'entre vous ne s'endurcisse, trompé par le péché. » (Hébreux 3 v. 13). « Veillons les uns sur les autres, pour nous exciter à la charité et aux œuvres bonnes. Ne désertons pas nos assemblées, comme certains en ont pris l'habitude, mais encourageons-nous et cela d'autant plus que vous voyez s'approchez le Jour. » (Hébreux 10 v. 24,25). Nous avons besoin de l'influence d'autres chrétiens dans nos vies.

4) *Faites de Christ le centre de votre vie.* De nombreuses personnes deviennent chrétiennes mais écartent certaines parties de leur vie du contrôle de Dieu. Même si, au moment du salut, elles avaient vraiment eu l'intention de faire de Christ le Seigneur de leur vie, en vérité elles ne l'ont pas fait. Votre croissance spirituelle peut être étouffée si Christ n'est pas votre Seigneur. Cette décision relève de la seule volonté. Priez simplement et dites à Christ que vous voulez qu'Il soit le Seigneur de votre vie, comme Il en est le Sauveur. Enoncez les domaines spécifiques que vous Lui avez refusés, et demandez Sa direction en les lui remettant. Prenez une décision claire et nette de vivre comme un disciple de Christ.

5) *Confessez le péché reconnu.* « Si j'avais pensé à mal, le Seigneur n'aurait pas écouté. » (Psaume 66 v. 18) « Si nous confessons nos péchés, fidèle et juste comme il est, il nous pardonnera nos péchés et nous purifiera de toute iniquité. » (1 Jean 1 v. 9). Le péché non confessé entrave notre relation avec Dieu et empêche la croissance spirituelle. Clarifiez vos moyens de communication avec Dieu en confessant les péchés que vous savez être présents dans votre vie.

Tels sont les fondements de la vie chrétienne, les conditions « sine qua non ».

Etapes ultérieures dans le développement des convictions personnelles

Les autres décisions à prendre pour le développement des convictions personnelles, comprennent l'acceptation de l'enseignement de la Bible, en matière d'honnêteté et d'éthique. Les convictions personnelles devraient partir de principes basés sur un enseignement clair de la Bible. Une fois que vous avez compris, et que vous approuvez pleinement l'enseignement biblique de base à propos du mensonge, de la tricherie, du vol, de la morale sexuelle, et d'autres aspects de l'éthique et de l'honnêteté, vous possédez les bases vous permettant de formuler des principes et de concevoir des applications pour votre vie.

Identifiez le domaine particulier qui vous donne du souci. Rédigez l'énoncé du problème particulier, au sujet duquel vous souhaitez établir une conviction ou prendre une décision. Il se peut, par exemple, que vous soyez préoccupé par une présentation honnête du produit que vous vendez. Recensez les principales questions dans votre esprit : « je connais les limites de mon produit. Devrais-je devancer les questions du consommateur, ou attendre qu'il me les pose ? Mon patron me dit d'attendre, mais je ne suis pas sûr de l'honnêteté de la situation ». A partir de cela, vous pouvez identifier le problème spécifique : c'est une question de présentation honnête.

Il se pourrait aussi que vous vouliez détailler d'autres aspects de la situation pour clarifier des choses dans votre esprit.

Recherchez les enseignements bibliques ayant une relation avec le problème. Après avoir identifié le problème, recherchez et retenez les passages spécifiques de la Bible, qui pourraient s'appliquer à la question. Recherchez des incidents indentiques dans le Nouveau et l'Ancien Testament. Utilisez une concordance pour d'autres versets. D'un côté d'une page, inscrivez tous les versets, et de l'autre faites un résumé en six ou sept mots de chacune de références.

Priez. Alors que vous lisez les différents passages, priez que Dieu vous montre Sa direction. Priez au sujet de votre besoin particulier. Demandez à Dieu de vous guider pour dégager de bonnes convictions. La combinaison de la Parole et du Saint Esprit travaillant dans votre Esprit et votre conscience, vous donnera la direction nécessaire. Ecrivez sur un bout de papier quelques-unes de vos pensées et de vos impressions pendant que vous priez.

Posez les questions-clés. Considérez dans la prière votre réponse à différentes questions relatives aux conséquences de votre décision, ou de votre conviction. Gene Warr, homme d'affaires dans l'Oklahoma, conçut cette liste pour aider les gens à prendre des décisions dans les domaines épineux.

1) Est-ce que la Bible dit que c'est mal ? (voir Jean 14 v. 21, 1 Samuel 15 v. 22).
2) Y aura-t-il des incidences négatives sur mon corps ? (1 Corinthiens 6 v. 19,20).
3) Y aura-t-il des incidences sur mon esprit ?
4) Vais-je en devenir esclave ? (1 Corinthiens 6 v. 12)
5) Est-ce que c'est bon sur le plan de l'intendance ? (I Corinthiens 4 v. 2).
6) Cela glorifiera-t-il Dieu ? (1 Corinthiens 10 v. 31, Philippiens 1 v. 20).
7) Est-ce que cela édifiera et profitera aux autres ?
8) Cela m'aidera-t-il à servir ? (1 Corinthiens 9 v. 19, 10 v. 23,24).
9) Cela vaut-il la peine d'être imité ? (1 Corinthiens 11 v. 1, Philippiens 4 v. 9).
10) Sera-ce une occasion de chute pour les autres ?
11) Est-ce le meilleur ? (Philippiens 1 v. 9,10).

Recherchez les conseils. A ce stade, après avoir fait des études suffisantes et réfléchi seul pour édifier une référence permettant d'accueillir les suggestions des autres, recherchez le conseil de quelqu'un dont vous respectez la vie, et qui regarde à la Parole pour ses propres décisions. Il se peut que vous sachiez déjà dans quelle direction Dieu vous conduit, et ce conseil sera seulement une confirmation. Demandez à cette personne d'évaluer les conclusions auxquelles vous êtes arrivé.

Un mot d'avertissement cependant : il m'est arrivé que des gens viennent à moi pour être conseillés, sans réellement le désirer. Ils voulaient que je sois d'accord avec leurs décisions et que j'apaise leur conscience. Cela arrive fréquemment quand quelqu'un désire ardemment faire quelque chose, et ignore sa conscience, décidant d'accomplir son propre dessein.

Prenez une décision. A ce stade, vous devriez savoir quelle direction Dieu veut que vous suiviez, ou connaître les convictions d'après lesquelles vous allez agir. Faites un acte de foi et agissez sur la base de ces convictions. Tout en accomplissant ce que vous devez faire, soyez à l'écoute de votre conscience.

Alors que vous énoncez votre conviction, essayez de préciser son champ d'action et la précision de sa définition. Si elle doit durer toute une vie, alors soyez certain de votre fondement. D'autres convictions peuvent être valables pendant quelques mois ou une année. Dans d'autres cas, une conviction peut être tentante, bien que non encore éprouvée.

Evaluez les résultats. Alors que vous commencez à agir sur la base de votre conviction, évaluez la réponse de votre conscience. Si vous avez une paix continue et que votre conscience est sensible à Dieu, vous pouvez être assuré d'être dans la volonté de Dieu. Si vous expérimentez un manque de paix, des remords, alors il faut que vous revoyiez la démarche et que vous repensiez votre conviction.

Forgez des habitudes. Développer des convictions entraîne un résultat certain. Il se forgera des habitudes qui reflèteront ces convictions. Notre volonté devrait être d'agir sur la base de ces convictions, pour que ces habitudes s'enracinent dans nos vies. Si nous forgeons par exemple la conviction de consacrer régulièrement un temps à Dieu, nous pouvons prendre l'habitude de réserver un moment chaque matin pour le faire. Etablir ces habitudes signifie que nous n'aurons pas à reformer constamment nos convictions.

L'habitude est l'une des amies les plus puissantes que nous puissions avoir, comme elle peut être notre pire ennemie quand nos habitudes sont mauvaises. Puisque tant d'aspects de notre vie prennent leur source dans l'habitude, nous devons accorder une attention toute particulière à l'édification des habitudes basées sur des convictions bibliques.

RÉSUMÉ

Les convictions personnelles ne se développent pas en l'espace de quelques jours, ou même de quelques mois, mais durant des années jalonnées de prières et d'études attentives. Mais nous sommes des gens impatients, ne voulant pas passer par un processus qui développe nos convictions étape par étape. Nous voulons la maturité instantanée, et non une croissance lente. Une croissance, qui prend du temps et nécessite de l'effort, dure cependant toute une vie.

En réfléchissant aux domaines de votre vie où il vous faut acquérir des convictions, il se peut que vous vous demandiez par quel bout commencer. Pensez aux trois étapes de la croissance.

1) En tant que *jeune chrétien*, ou en tant que personne qui n'a pas grandi spirituellement, concentrez-vous sur les fondements de la vie chrétienne : le temps personnel passé chaque jour dans la prière, la lecture de la Parole, les études bibliques, les domaines fondamentaux de l'obéissance, la Seigneurerie de Jésus-Christ, le mariage, les relations familiales et le témoignage. Dans les autres domaines vous serez le plus souvent amené à ce stade, à adopter les convictions de votre assemblée ou de vos amis chrétiens.

2) En tant que *jeune chrétien croissant spirituellement* et possédant des convictions de base, vous avez besoin d'aller plus loin dans vos convictions au sujet de ce que vous croyez, et des doctrines de base de la vie chrétienne. L'étude biblique personnelle devient impérative dans cette phase de croissance. Formez les convictions fondamentales en matière de doctrine du salut, de l'inspiration divine des Ecritures, de l'évangélisation, de la formation des disciples, de l'Eglise, du Saint Esprit et du caractère du chrétien (qualités, telles que l'amour, la paix, la patience). Commencez à cultiver vos talents et vos dons personnels dans un ministère tourné vers l'extérieur.

3) En tant que *chrétien mûr*, approfondissez vos convictions l'une après l'autre dans des domaines comme ceux relatifs au ministère, aux questions sociales, à l'éthique et au comportement personnel, ainsi qu'en ce qui concerne votre mode de vie.

Bien évidemment et quelle que soit l'étape de la croissance, des questions nécessitant une décision immédiate, vous forceront à étudier et à développer vos convictions, au fur et à mesure que vous les rencontrerez. Dans chacune de ces phases, tout au long de votre croissance, évitez de vous laisser absorber par des questions ou des débats mineurs. Demeurez toujours concentré sur les questions personnelles relatives à votre croissance spirituelle et votre ministère.

* * *

En réfléchissant aux différentes parties de ce livre, demandez à Dieu de vous diriger vers des convictions personnelles appuyées sur la Bible. Soyez au courant de ce que la Bible nous enseigne, et construisez votre vie sur ce rocher. Entraînez votre conscience à vous guider dans les domaines flous et ambigus de la conduite personnelle. Priez que votre vie reflète une grande sensibilité à l'écoute du Saint-Esprit, dans chaque domaine de votre conduite. Rien n'égale la sérénité et la certitude d'une vie faite de convictions, jaillissant de nos rendez-vous quotidiens avec Dieu et de l'étude personnelle et approfondie de sa Parole. C'est alors seulement que nous pouvons marcher avec la tranquille assurance de ceux qui savent que Dieu a le contrôle de leur vie.

« **Publications Chrétiennes inc.** » est une maison d'édition québécoise fondée en 1958. Sa mission est d'éditer ou de diffuser la Bible ainsi que des livres et brochures qui en exposent l'enseignement, qui en démontrent l'actualité et la pertinence, et qui encouragent la croissance spirituelle en Jésus-Christ.

PUBLICATIONS
C H R É T I E N N E S

Pour notre catalogue complet :
www.publicationschretiennes.com

Publications Chrétiennes inc.
230, rue Lupien, Trois-Rivières, Québec, CANADA – G8T 6W4
Tél. (sans frais) : 1-866-378-4023, Téléc. : 819-378-4061
commandes@pubchret.org

www.ingramcontent.com/pod-product-compliance
Lightning Source LLC
Chambersburg PA
CBHW071338090426
42738CB00012B/2934